ちくま新書

世界を動かした名演説

池上 彰
Ikegami Akira
パトリック・ハーラン
Patrick Harlan

はじめに

　世界を動かす。簡単にいうけど、そう簡単なことではないはずです。どうやったらできるものでしょうか。

　大洪水を起こし箱船に乗った一家族以外の人間を滅ぼしたり、暴風を吹かせて大船団を追い返したりできるでしょう、神様でしたら。しかし残念ながら、私たちは神様ではありません。

　疫病の力をもって文明のパワーバランスが崩れるほど大勢の人間を死なせることでもできるでしょう、微生物でしたら。しかし幸いに、私たちは微生物でもない。むしろ死なされているほうの人間です。

　しかし、そんな人間にも打つ手はあります！　微生物の脅威から人類を救う抗生物質を発見することができます、科学者なら。そのほかにも、発明家でしたら、蒸気機関や電球、インターネット、AIなど、新しい技術を生み出し歴史を変えることもできるかもしれません。

　一方、絶対的な権力と軍事力を持つ独裁者なら、モンゴルからヨーロッパまで、もしくはマケドニアからインドまで、一代で絶大な帝国を築くことができるかもしれない。預言者なら宗教の力で、思想家なら哲学の力で文化の方向を変えることもできるでしょう。前例をみれば、難易度が高いとはいえ、世界を動かし、歴史を変える方法は様々あるようです。

　そこで、我々が注目したいのは話術の力で世界を変え

る可能性。そのために演説に集中する一冊です。上記の派手な手段（大洪水！）に比べると少し地味に見えるかもしれないが、演説にスポットを当てるメリットは明白です。

　まず、名演説は単純に面白い！　でもそれだけではありません。ほかに比べて、**演説の分析は読者の実生活に活かせる「実用性」が断然高い**です。この本を手に取ったあなたは、おそらく神様や微生物でもなければ、独裁者や預言者でもないはずです。彼らのやり方を理解しても、真似のしようがなさそう。しかし、あなたは「演説家」じゃなくても、人の前で自己主張をする機会がほぼ毎日あるでしょう。たとえ、あなたが研究者や発明家であっても、研究資金を集めるためにも、発明を広めるためにも言葉の力が必要となります。**どなたでも使えるコミュニケーションのコツを学ぶには、話術の結晶である名演説が最高の教材です。**

　もう一つの大きなメリットは、**時代や歴史、社会問題や政治運動を表す縮図となる演説の利便性**です。サムネール効果とでも呼びましょうか。演説の内容は歴史的な瞬間のスナップショットでもありますが、**演説を行った人物やその舞台、背景やきっかけを知ると、転換点だけではなく、社会や歴史全体の流れが見えてきます。**それも話し手と観衆を取り巻く環境だけでなく、歴史の流れの「川下」に立っている私たちの今も、よりくっきりと。解説のおかげで、サムネールをクリックすると面白い動画が流れる時と同じような感覚で演説を読んでいただけると思います。

今回、演説の旅にご案内するのはジャーナリストの池上彰さんと僕、パトリック・ハーランです。池上さんは半世紀のキャリアと世界86カ国の訪問歴を持つスーパージャーナリスト。僕は四半世紀のキャリアを持つしがない芸人ですが、その傍ら、コミュニケーション学について東京工業大学で教鞭を執り、複数の著書を持つ話術のプロでもあります。

　私たちの対談では、演説の現場を訪れたときのリアルな体験談や各演説の知られざる裏話などを紹介します。社会的、政治的な背景を独自のわかりやすい口調で解説する池上さんの魅力があふれています！　同時に、演説大国アメリカの観点、または修辞学（古代ギリシャの時代から続いているコミュニケーション学）に基づいた分析で話術を解説する、僕の微力もあふれています！

　（まあ、世界情勢担当と、話術担当との役割分担を決めながらも、実際に対談してみると、お互いの領域にどんどん攻め込むようになりましたけどね。）

　旅の寄港地となる各演説は、心を動かす話術と歴史を動かすインパクト、両方の面での高評価から選んだものです。

　当然、演説のタイミングがその効果に大きく関わります。**国家や地域、または世界全体がなんらかの危機に直面している場面のものが多いです。**ナチスドイツにプーチンのロシア。温暖化にコロナ禍。**脅威に晒されている時こそ、民の行動や国際社会の連携を呼びかける声が届くでしょう。**

　一方、危機ではないが、長期的な構造改革を求める演

説も目立ちます。アメリカで黒人に公民権を！　南アフリカでアパルトヘイト体制の廃止を！　ドイツでベルリンの壁の撤去を！　国連で「第3世界」の国々の連携を！　**こんな大胆な要求は、数年から数十年かかったとしても実際社会を変える力を発揮しています。危機からの「防御」と違って、これらの演説は「建設」が主な目的です。**そしてその作用を実際に見せているのです。

　演説の出所は実に幅広いです。アメリカやヨーロッパ、アフリカやアジアから発信されています。その発信者もダイバーシティに富んでいます。大統領や首相はもちろん多いが、彼らが象徴となる体制に歯向かう運動家もいます。白人も黒人もアジア人も演台に立ちます。天皇陛下もいれば、少女もいます。

　この多様性からわかるのは、演説は何も西洋人だけのものではないし、権力者だけのものでもないことです。色々な意味で地球は一つです。各地で行われた過去の演説は、皆さんが暮らしている現在の世界にも影響が及んでいます。同時に、言葉の力は、日本の皆さんも学べて、実生活に活かせる普遍的なものです。

　池上さんと僕との、この旅が終わったら、あなたはきっと世界をよりよく理解し、話術をよりよく駆使するようになっていると予想します。そして、そのあなたも、神様や発明家、独裁者じゃなくても、毎日少しずつ世界を動かし、変えていく人になるでしょう。

　2023年8月

　　　　　　　　　　　　　　パトリック・ハーラン

世界を動かした名演説
【目次】

第 1 部

抗戦と平和

1 ウィンストン・チャーチル
「我々は戦う。岸辺で、上陸地点で、野原で、街路で、丘で」1940 年 6 月 4 日＠英国議会下院

▶ **第 2 次大戦時、英国軍の反転攻勢を鼓舞した名演説**

池上彰（以下、池上）　チャーチルのこのスピーチは、文句なしに「現代史を動かした」名演説の定番ですね。

パトリック・ハーラン（以下、パックン）　すばらしい、非の打ち所がないスピーチです。

池上　ウクライナのゼレンスキー大統領が、ロシアの侵攻後すぐに英国議会に向けてオンラインで行った演説（2022 年 3 月 8 日。第 2 章で詳述）も、チャーチルのこの演説を踏まえていました。

パックン　厳しい言い方をすれば、パクッているとも言えますね。

池上　オマージュを捧げていると言っておきましょう。ゼレンスキー演説を読み解くためにも、まずはこのチャーチル演説を見ていきます。

　名演説というのは通常、状況が良いとき、たとえば歴史的な勝利をしたときなどに生まれるものです。「人民の人民による人民のための政治」で有名なリンカーンの演説（1863 年）も、南北戦争で北軍が勝った場所ゲティスバーグで行われている。しかし、チャーチルのこの演説は違います。**第 2 次世界大戦下の 1940 年、ナチス・ドイツ軍の侵攻がベルギー、フランスへと進み、フ**

ランス軍を支援するために大
陸に送られたイギリス軍が屈
辱的敗北を喫し、フランス北
部のダンケルクでヨーロッパ
本土から撤退しようとすると
きに行われた。それが歴史に
残る名演説になりました。

ウィンストン・チャーチル
（1874—1965）；World History
Archive／ニューズコム／共同

パックン　見方によっては、
撤退作戦が成功したときだっ
たとも言えます。「これだけ
我々が結束したから逃げ延び
ることができた」と功績を称
え、兵士たちの士気を高めよ
うとした。その意味ではプラスの状況だった。

池上　確かに。仲の悪かった英国とフランスが、ドイツ
という共通の敵を相手に団結し、フランス軍も一緒に助
けたのですからね。

パックン　しかも、第1次世界大戦終結から20年ちょ
っとしか経っていない時期に、です。当時のかれらにと
っての第1次世界大戦は、2020年代を生きる我々にと
っての9.11同時多発テロがあった2001年辺りのよう
な、非常に新しい記憶でしたからね。

池上　簡単におさらいすると、この演説が行われたの
は、1939年9月にドイツがポーランドに侵攻し、オラ
ンダやベルギーなどヨーロッパ中を攻撃していく中で、
1940年5月、フランスへと攻撃の手が移った際のこと
です。**連合軍であるイギリス軍はフランス軍に加勢しよ**

うとドーバー海峡を渡って戦いますが、ドイツにこてん ぱんにやられ、ヨーロッパ大陸から撤退しなければ全滅 するか数万人が捕虜になってしまうかという危機的状況 を迎えます。

　そこで連合軍はダンケルク海岸からの撤退作戦を計画 するのですが、イギリス軍の軍艦だけでは、とても全員 を救出できません。そこでチャーチルは全英国人に向け て、「あらゆる船を持つ人は全員、ダンケルクに赴き、 英軍と仏軍を救出してください」と訴えた。これがダン ケルクの撤退作戦における、チャーチルの名演説です。 その結果、撤退作戦は見事に成功するわけです。

パックン　びっくりですよね。33万人もの同盟兵が助 けられたそうです。

池上　ある種の負け戦だったわけで、イギリス軍兵士は もちろん、英国民も意気消沈していた。でも兵士たちが 作戦後に母国に戻ると、国民が大歓迎してくれる。さら にチャーチルの演説がラジオから流れたものだから、 「さあ、ここからやるぞ！」といっそう奮い立った。こ れぞまさに人々の心を動かす演説でしょう。

パックン　世界を動かし、歴史を変えた演説と断定して いいと思います。チャーチルはもともと、それほど好か れた政治家ではありません。第2次世界大戦でドイツに 対する強硬な姿勢が評価されて首相になった人です。チ ャーチルがこの演説で火を噴くほどの強烈なメッセージ を発したことで国民は鼓舞され、その後の長い空爆にも 耐えられたし、一丸となって戦うぞ、という気になれた んです。

▶ チャーチル以前の英国とポピュリズム

池上 当時のイギリスにはそもそも、第1次世界大戦（1914〜18年）への反省と恐怖から平和主義ムードが広がっていた。そこに1939年、第2次世界大戦が起きたものですから、ナチス・ドイツに宥和的（ゆうわてき）な態度をとったせいで戦争を招いてしまったじゃないか、という批判的な空気が垂れ込めていました。

パックン チャーチルの前の首相ネヴィル・チェンバレンによる宥和政策ですね。チェンバレンは今や、しっかり立ち上がるべきところで決断しない、最低のリーダーの代名詞になってしまいましたね。

池上 アメリカやイギリスの政治学の教科書ではそういう扱いを受けています。でも人の評価というのは、時代の変化によって変わるもので、当時チェンバレンがナチス・ドイツに宥和政策をとった際には、英国民は「これで戦争を免れられる（まぬがれ）」と高く評価したんです。

パックン 本当に戦争が回避できていたら、チェンバレンは大英雄ですからね。

池上 実際に、とりあえずは戦争を免れたと評価されたんです。でもその後、結局そうじゃなかったと、彼の評価は180度転換してしまう。

パックン 考えてみれば、日本も1960年代に国中が反戦ムードに包まれましたよね。あの頃の日本の空気が、1940年当時のイギリスの空気だったと思えばわかりやすいと思います。

第1次世界大戦が20年前に終わったばかりで、戦争の記憶が生々しい。あんな悲惨な戦争は二度としたくな

いという強い思いがみんなの中にある。多少宥和的でも譲歩してもいい、どうにか戦争だけは回避したい。当時のイギリス国内のムードもチェンバレンの判断も、わからなくはありません。

しかし、結局戦争は回避できなかった。むしろ戦争を誘発する判断ミスだったと非難・酷評されることになったわけです。

池上 皮肉ですよね。それで思い出すのが、1933年、日本の国際連盟脱退を宣言する演説を行った松岡洋右のことです。松岡は演説後、「日本がこんなに世界から孤立してしまっていいのだろうか。国民はきっと『何をしてくれたんだ』と激怒して、帰ったら袋叩きに遭うだろう」と意気消沈して帰国した。しかし日本国民は帰ってきた松岡を、バッシングするどころか英雄として大歓迎。本人は相当戸惑っていたと、息子さんから直接聞きました。

日本はといえば、国際連盟脱退がきっかけとなって孤立の道を歩み、第2次世界大戦へと突入したのですから、松岡の「こんなことでいいのだろうか」との反省は、歴史的に正しかったんだけれど。大衆、ポピュリズムがいかに思わぬ方向に動くかということですよ。

パックン 民主主義の怖いところでもありますね。ヒトラーだって、彼が率いる国家社会主義ドイツ労働者党（ナチス）が選挙で第一党として支持を集めたために、首相に選ばれたのです。彼はその後選挙を行いませんでしたが、もし選挙をしたとしても、ナチスとヒトラーは大衆の間の人気で再選したと思うんです。

池上　間違いありません。あのとき、あの雰囲気だとね。

パックン　チェンバレンや松岡の人気も同じことですよね。でも 50 年後、その評価は 180 度変わりうる。リーダーが常に念頭に置かなくてはいけないことです。

池上　日露戦争でも、日本は勝ったことになっているけれど、実際は這々の体でかろうじて戻ってきた。にもかかわらず、一般国民は「戦争に勝ったのに、なぜもっと多くを獲得できなかったんだ」とポーツマス講和条約の内容に激怒して、日比谷焼き討ち事件（1905 年）を起こします。せっかく戦争に勝ったのに、これしか取り分がないのか、と怒ったわけです。

パックン　プロパガンダの恐ろしさもありますね。国民は日本が勝ったと聞かされていたから、そのヘトヘト具合がわからない。だから冷静な判断をしろと言っても無理なんです。

▶「すごい」「すばらしい」「凄まじい」ドイツ軍の恐ろしさ

パックン　さて、チャーチルはこの演説でどのように国民を鼓舞し、兵士の士気を高めたのか。英語のレトリックにも注目してみたいと思います。

　我々英語を母語とする者は、例えばこの一文だけでも非常にグッとくるんです。

However, the German <u>eruption</u> <u>swept</u> like a <u>sharp scythe</u> around the <u>right and rear</u> of the Armies of the north.

　ドイツが噴火した（eruption）という激しい表現に

続けて、swept（押し流す）、sharp（鋭い）、scythe（大鎌）と同じ s の音を 3 回も繰り返している。最初の音の韻を踏むアリタレーションという手法ですが、この響きの良さといったらないんです。その後も r の連続、right and rear（右と後ろ）ときて、Armies of the north と続く。さらに、It severed our own communications for food and ammunition, which ran first to Amiens and afterwards through Abbeville,.... と f と a の音が続く。

池上　頭韻、あるいは最後の韻を踏む感じでしょうか。

パックン　僕は「音の連発」と呼んでいます。クックックッ、シュッシュッシュッ、ツッツッツッと続くだけで話にリズムが出るし、同じ音で始まる語彙は限られているので、どこまで連続できるか、レトリックの限界への挑戦にも聞こえるんです。

　音だけでなく、日本語で言えば「すごい」「すばらしい」「凄まじい」といった同義語を連続させる効果もあって、これは語彙力への挑戦になる。こうした英語のテクニックを駆使すると、聞いているほうはワクワクしてくる。

池上　なるほどね。でも語彙力ってあまりひけらかすと、一般庶民には煙たがられる可能性もあります。誰にでもわかる程度に、どこまで語彙力を発揮できるかが腕の見せ所ですか。

パックン　おっしゃる通りです。誰にでもわかる範囲で、しかもその文脈で適切な言葉で。音の連発のためだけに無理やり使っているように聞こえてしまうと、陳腐

になるから難しい。でも、チャーチル演説にはそれがまったくありません。彼は演説を自ら書いていたと言われていて、本当に言葉にこだわり、絶妙なバランスを叩き出している。

　eruption といった暴力的な単語を使ってドイツの行動を表しているのも秀逸です。

池上　eruption や swept といった単語は、ドイツの機甲師団の電撃的な侵攻をイメージさせますよね。

　当時のドイツは、機甲師団という形で、大量の戦車や装甲車を使って他国に一気に突っ込んでいき、相手国が何もできない状態にまで持っていくような攻撃方法（電撃戦）をとっていました。戦車が戦争の主力になったのは第2次世界大戦からで、とりわけドイツ軍の戦車は非常に優秀でね。

パックン　Blitzkrieg（ブリッツクリーグ＝電撃戦）ですね。ドイツという国は、オーストリア＝ハンガリーが仕切っていたエリアに台頭したプロイセンが 1870 年代に生み出した新しい国です。プロイセンは軍隊が優秀で、規律も訓練も技術もピカイチ。電撃戦という手法は、19 世紀半ばからプロイセン固有の戦術として使われていたんですよね。

池上　普墺戦争と普仏戦争でも楽勝しています。だから日本の陸軍もプロイセンをお手本に作られました。

　今でもプロイセン地方に行くと、本当に時間に正確で規律が厳しくて、どこかいかめしい感じがしますね。南部のバイエルン地方はラテンが入るのか、お洒落でゆったりしているのとは対照的です。

▶ 映像のようにたたみかけ、聴衆の心を揺さぶる

パックン　チャーチル演説のレトリックをもう一つご紹介します。**レトリックの第一の目的は、人を動かすこと**です。演説によってテクニックは違えど、目的は同じ。講演なら感動させて終わってもいいけれど、**演説は行動を呼び起こさなくてはならない**。

　だからチャーチルは、国民の記憶に新しい、直近の失敗を挙げました。みんなの後悔を煽（あお）り、「我々はこの失敗を二度と繰り返さない、もう立ち止まらないぞ」と宣言した。負けた背景をきれいに描写し、つらかった過去を思い出させた上で、fierceness（獰猛（どうもう）さ）や their main power（圧倒的な力）といった類義語を繰り返し、テンションを高める。まるで映画を見ているかのような言葉遣いです。

They sowed magnetic mines in the channels and seas；they sent repeated waves of hostile aircraft, sometimes more than a hundred strong in one formation, to cast their bombs upon the single pier that remained, and upon the sand dunes upon which the troops had their eyes for shelter.

　「彼らは磁気式の機雷を海峡や海に設置した。時には100機を超える爆撃機の編隊の波を次から次へと送り込み、唯一残った桟橋にも、兵士が隠れ蓑にしようとしていた砂丘にも爆弾を落とした。」

　——聞いているだけで、絶望的な状況がストーリーとして映像のように見えてくる。しかも当時はテレビが出てくる前、ラジオの時代です。音によって大衆をグッと

惹きつけるテクニックがとにかく重要だったのです。

池上　戦争は攻撃するほうが容易く、撤退する、逃げるのが最も難しいんです。ダンケルクは海岸なので遮るものがなく、桟橋から船に乗るところで、どうしてもドイツ軍の爆撃の餌食になってしまった。そのような悲惨な場面を描写した部分ですね。

パックン　だからこそ名演説になったのだと思います。難なく撤退できていれば後世に語られるエピソードにはなりにくいでしょう。敵軍のとんでもない攻撃に晒されながら、それでも我々は立ち上がったのだ、という流れでダンケルクの救済策を持ってくると、前段が跳躍板の役割を果たしますから。

　跳躍板を深く踏み込むほど、飛び上がる力は強くなります。**まずは絶望的な状況を見せ、それを総動員で乗り切ったという、記憶に新しい直近の功績を語る。その後で、この先どう防衛するのかという本題に持ち込めば、聞く者の感情はどうしたって揺さぶられます。**

　その前の段で、イギリスの前政権がいかに酷かったかを語って怒りを煽り、圧倒的な強さを持つドイツ軍への恐怖を煽り、そのドイツ軍と勇敢に戦った英兵やヨーロッパ諸国の兵士たちへの哀れみを煽っていますから、聴衆の気持ちの準備は万端です。そこで**皆が結束して大胆な救済策に踏み切った勇気を称え、最後には決意へと持ち込む。**感情を動かす流れが、抜群です。

池上　とことん絶体絶命、四面楚歌になったところで、最後の最後に大逆転が起きるから、みんなの感情が「おおっ」と湧いて盛り上がる。映画のようだね。それをチ

ャーチルは言葉で表現したわけですね。

パックン　英語で聞いていると、自然とその世界に吸い込まれ、周りが見えなくなる。これは、それほどの名演説なんです。

　戦時中の名演説に共通しているのは、目の前の問題を見せ、解決しなかった場合の絶望的な未来を見た上で、最後にどうすれば勝てるのかを示している点です。これから緊急事態になって色々我慢してもらわなくてはならないけれど、それが勝利への鍵なんだ、と。我慢するだけじゃなく、どうすれば勝てるのか、解決策を見せるのがポイントです。我慢や哀れみばかり語っていても、行動は生まれてきませんから。

　そしてチャーチルは、演説のタイトルとしても知られている「We shall fight on the beaches」を含むパートで力強く語りかけ、締めます。「我々は戦う。岸辺で、上陸地点で、野原で、街路で、丘で。我々は決して降伏しない。万が一、広く本土が征服され飢えに苦しむことになろうとも、我が帝国は海の向こうでイギリス艦隊に守られつつ、必ずや戦い続けることだろう」。つまり、これは自分たちだけの戦いではない、新世界が旧世界を助ける、我々がヨーロッパ大陸を助けるという決意をも見せている。ここにはイギリス連邦からの助けが来るという意味だけでなく、アメリカへの呼びかけも込められています。我々がこれだけ頑張っているのだから、アメリカだって黙っていられないでしょう、と。

▶ 今も昔もしたたかなアメリカ

池上　この当時は真珠湾攻撃（1941年）の前で、アメリカは宣戦布告していませんからね。

パックン　はい。軍は増強していたし、イギリスに武器の提供もしていましたが。

池上　アメリカは、2022年2月に始まったロシアによるウクライナ侵攻で、ウクライナ支援のため武器貸与法という法律を再び引っ張り出しましたね。この時代にできた法律だったのでは。

パックン　はい、武器貸与法（レンドリース法、Lend-Lease Act）は連合国軍に武器など大量の軍需物資を貸すよ、という1941年成立の法律です。これはアメリカの同盟国を助けながら軍事産業を繁盛させる、インパクトの大きい法律だった。

池上　支給法、供給法ではなく、武器貸与法なんだね。貸してやるだけで、金は返せ、と。

パックン　金も返してもらうし、武器も買ってもらう。ダブルでおいしいんです。実にしたたかですよね。当時のアメリカ国民は、チェンバレン時代の英国民と同じで、「ついこの間他人の戦争を戦ったばかりじゃん、もういいよ」という雰囲気でしたから、明らかなメリットや必要性がなければ戦争に参加しなかったでしょう。

　今、アメリカの歴史家の多くは、日本が真珠湾攻撃を起こしてくれたおかげで、アメリカは第2次世界大戦に参戦し、ナチスに勝つことができたのだと言っています。

池上　チャーチルも、日本が真珠湾を攻撃したと聞い

て、「これで勝った」（アメリカが参戦するから）と喜んだというよね。

　ドナルド・トランプが「アメリカ・ファースト」で有名になったけれど、そもそもアメリカは19世紀以来「大陸間の相互不干渉」の立場をとるモンロー主義の国で、その精神は脈々と受け継がれているのです。その証拠に、第1次世界大戦の後、ウィルソン大統領が国際連盟を提唱しても、アメリカ議会は入ろうとしなかったでしょう。相互不干渉、すなわち自国ファーストの意識がベースにある国なんです。だから第2次世界大戦が始まっても、所詮ヨーロッパの戦争だろう、と他人事として構えていた。

パックン　当時は皆「わが国ファースト」ですよ。チェンバレン時代のイギリスもそうでした。その宥和策がうまくいかず、ドイツの開戦と進撃を招き、国内の信頼も失った。そこでチャーチルは、「そうじゃない、戦うことで進まなければならない」と言ったんですね。

池上　いったん撤退すればフランスへの再上陸は大変になりますから、イギリスとしてはできれば上陸したままで戦いたかったはずです。その後アメリカ軍が参戦してノルマンディー上陸作戦になり、また大変な犠牲を払うことになりますが。

パックン　でも、ダンケルクからの撤退策が成功しなければ33万人もの英仏兵は殺されるか捕虜に取られて、イギリス陸軍の戦力はゼロになる。降参するしかなくなってしまう。ドイツからすれば、ダンケルクで彼らを逃してしまったのは、すごく悔しかったと思います。

池上　逃がした魚は大きいよね。

▶「どんな犠牲を払っても」という切迫感

パックン　演説のレトリックを勉強するには、チャーチルは最高のお手本です。ここでは、首句反復（anaphora）というレトリックのテクニックも使われています。We shall fight と繰り返したり……。

池上　Meanwhile, the Royal Navy ときて、また次の段落に Meanwhile, the Royal Air Force がくる。これも meanwhile を敢えて繰り返す首句反復ですね。こうした繰り返しはやはり独特のリズムを生みますね。

パックン　その通りです。演説の最終段落には、we shall が11回も繰り返されています。

池上　we shall fight on the beaches, we shall fight on the landing grounds, we shall fight in the fields and in the streets...... 先ほどの演説タイトルにもなっている部分ですね。

パックン　実はこの we shall が始まるのは、さらに前の部分からです。we shall not flag or fail. 決してひるまず、あきらめない、最後までやるぞ、と。

池上　フランスで戦い、海で戦い。海は「seas and oceans」と分けているんですね。近海でも戦う、大海でも戦う。

パックン　おっ、日本語で「近海でも大海でも」と、韻を踏む感じがいいですね。で、上空でも戦う。われわれの島国を守る、いかなる犠牲を払おうと。そして先ほど出てきた、「我々は戦う。岸辺で、上陸地点で、……

我々は決して降伏しない」と続くわけです。

池上　首相が国民に「いかなる犠牲を払おうとも徹底的に戦うんだ」と語りかけるところ、鬼気迫るものを感じます。あなた自身や愛する家族が死ぬかもしれない、その可能性も含んでいるのですから。

パックン　おもしろいのが、never surrender と「決して〜しない」と否定する内容についても、頭に we shall をつけて肯定形にしていることです。we shall not surrender ではなく、we shall never surrender にしている。もう読むだけでわくわくする部分です。

　さらに、非常につらい状況を経験することを英語で go through hell（地獄を通る）といいますが、チャーチルはそこを、if you are going through hell, keep going（地獄の通過中は、立ち止まるな）と言った。とりあえずここを通り抜けるまでは行くんだ、と。never never never give up というのもこの演説の名セリフですが、実際にイギリスはこの後、地獄を通るんです。

池上　バトル・オブ・ブリテンですね。ドイツ空軍がイギリスの上空から激しく爆弾を落として、ロンドンは焼け野原になる。このまま上陸されてしまうのではないかと恐れたイギリス空軍が必死に応戦し、史上最大の航空戦と言われた。

　有名な話ですが、このとき実はイギリスは、ドイツの暗号機「エニグマ」の解読に成功していたんです。つまり、ドイツ軍がロンドンの郊外を空襲することもつかんでいた。本来なら街を救うために抗戦すべきところを、待ち構えていればドイツ軍に暗号を解読したことがバレ

てしまうので、チャーチルは見殺しにしたんですよ。結果的にその街は空襲で全滅してしまう。

パックン　日本の暗号も解読してましたね。

池上　それによって山本五十六が撃墜されました。

▶ 戦争屋は、戦争が終わればお払い箱？

パックン　それにしてもこんな見事なレトリックで国民を鼓舞して、戦争に勝ったからいいものの、もし負けていたら、チャーチルは今とは正反対の評価を受けていたかもしれません。

池上　だからチャーチルは是が非でも戦争に勝たなくてはならなかった。戦時内閣を作り、ダウニング街の首相官邸のすぐ近くの地下に作戦指揮室を設けて、そこに寝泊まりしながら指揮していたくらいです。今そこは見学コースとして公開されています。

パックン　チャーチル政権は戦時中は評価されましたが、戦争が終わったらあっさり終了でしたね。

池上　戦争にはとりあえず勝ったから、今後は国内のことを考えようとなったんですね。ポツダム会談の途中にチャーチルはお払い箱、すぐに政権は労働党に移ってアトリーが首相になります。

　私が子どもの頃、イギリスというのは「ゆりかごから墓場まで」と言って、社会保障が非常に充実した国だと習ったのですが、それは労働党のアトリー政権以降のことです。イギリス人の切り替えの早さには驚きます。

パックン　ちなみになぜチャーチルがこんなに歴史的に評価されるのかと言うと、戦争を勝利に導いた功績はも

ちろん、何と言っても大著『第二次世界大戦』を著したからです（邦訳は佐藤亮一訳『第二次世界大戦』全4巻。河出文庫、2001年）。自らの功績を称える本を書いて、大ベストセラーになった。

池上　それでノーベル文学賞まで受賞していますね。

▶ 戦況を覆した世紀の演説

池上　ダンケルクの戦いで思い出すのは、1986年、伊豆大島の三原山大噴火に伴う全島避難のことです。島民は約1万人。海上保安庁の巡視船だけではとても全員の救出は不可能です。そこで当時の官房長官・後藤田正晴は電話をかけまくり、東海汽船、漁船、自衛隊の艦艇など総動員させて、島民を一夜にして全員避難させることに成功した。これはすごかった。日本版のダンケルク作戦です。当時私はNHKの社会部記者として、全島民が避難した後の大島に取材に行ったのですが。

パックン　リーダーの判断や国民の行動力がいかに重要かを伝える史実ですね。

　この演説の現代史における意義としては、なんといっても「徹底的に戦おう」と国民の士気を高めたことだと思います。それまでイギリスは第1次世界大戦も含め、自国の本土が直接爆撃を受けたことはなかった。でもこの演説が行われたのは、そうではなくなった、国民1人1人の生活が大きく脅かされ、命をも失うかもしれない日が目前に来ているという、危機に直面したときなんです。降伏さえ選択肢に上っていて、終戦条約を結ぶこともできたけれど、そうはせずに戦うんだ、と宣言した。

自らの力でもって、フランス、ベルギー、ポーランドまでを助けるんだという意思表示だったと思います。

池上　連合国軍にとって第2次世界大戦は最初、負け戦だったんですよ。**ずっとドイツが圧倒していてこのまま勝つと思われていたのが、この演説がきっかけとなって連合国軍が反撃の狼煙を上げ、戦況が一挙に変わった。**

パックン　このチャーチルの演説は、本書の中でもトップクラスに世界を、歴史を動かした演説と言えますよね。

池上　間違いありませんね。チャーチルは戦争屋であり、タカ派のイメージですよね。だからノーベル文学賞はもらえたけど、平和賞は受賞できなかった。

　チャーチルについては、ボリス・ジョンソン元イギリス首相がロンドン市長時代に『チャーチル・ファクター――たった一人で歴史と世界を変える力』（小林恭子、石塚雅彦訳。プレジデント社、2016年）という本を書いて、話題になりました。その後彼は、実際に首相に就任するわけで。

パックン　なるほど、自分がチャーチルの後継者だということですか。

池上　そんな意図だったのでしょう。

パックン　よくある「人気者に便乗する」というレトリックの定番テクニックですね。人気者の言葉を借りたり、自分も一緒ですよとアピールしたりする。チャーチルは、いくつものスキャンダルやウソが発覚し恥ずかしい形で降板したジョンソン首相と一緒にされたくないかもしれませんけど……。

【原文抜粋】（本文解説で取り上げた部分に下線を付した）

……演説の最終段落より……

I have, myself, full confidence that if all do their duty, if nothing is neglected, and if the best arrangements are made, as they are being made, <u>we shall</u> prove ourselves once again able to defend our Island home, to ride out the storm of war, and to outlive the menace of tyranny, if necessary for years, if necessary alone. At any rate, that is what we are going to try to do. That is the resolve of His Majesty's Government-every man of them. That is the will of Parliament and the nation. The British Empire and the French Republic, linked together in their cause and in their need, will defend to the death their native soil, aiding each other like good comrades to the utmost of their strength. Even though large tracts of Europe and many old and famous States have fallen or may fall into the grip of the Gestapo and all the odious apparatus of Nazi rule, <u>we shall not flag or fail</u>. <u>We shall</u> go on to the end, <u>we shall</u> fight in France, <u>we shall</u> fight on the <u>seas and oceans</u>, <u>we shall</u> fight with growing confidence and growing strength in the air, <u>we shall</u> defend our Island, whatever the cost may be, <u>we shall fight on the beaches, we shall fight on the landing grounds, we shall fight in the fields and in the streets</u>, <u>we shall fight in the hills</u>; <u>we shall never surrender</u>, and even if, which I do not for a moment believe, this Island or a large part of it were subjugated and starving, then our Empire beyond the seas, armed and guarded by the British Fleet, would carry on the struggle, until, in God's good time, the New World, with all its power and might, steps forth to the rescue and the liberation of the old.

【演説要旨】

　ドイツの電撃戦は鋭い大鎌を振るうがごとく、英仏連合軍の右翼と後方を掃討した。何百もの戦車を巧妙に組み合わせた機甲部隊の猛攻により、我々とフランス軍本部をつなぐすべての通信は絶たれた。食料や弾薬の補給に必要なイギリス派遣軍の通信も次々と絶たれ、我々はやがてダンケルクへと追い詰められた。ベルギー、イギリス、フランス軍ともに包囲され、絶望的な状況だった。唯一の退路はダンケルクの港と近隣の海岸のみ。

そこでは敵の四方八方からの猛攻とおびただしい数の空からの攻撃が続いていた。一方、イギリス海軍は無数の商船員の協力を得て、イギリスおよび連合軍兵士を乗船させるべく、220隻の軽戦艦と650艇のさまざまな船舶が死力を尽くした。絶え間なく降り注ぐ爆弾と集中砲火の下を、幾日も休むことなく機雷と魚雷が待ち受ける危険な海へと向かい、救助した兵士を連れ帰ったのである。それと同時に、イギリス空軍はドイツ空軍の主力部隊と交戦し、少なくとも我が軍の4倍の損害を敵に与えた。こうしてイギリス海軍は33万5000を超えるフランス兵、イギリス兵を、死と恥辱の淵から祖国へと救い出した。撤退によって戦争に勝利することはない。しかしこの救出作戦においては、イギリス空軍の力でもたらされた勝利があったことも銘記すべきである。我々の兵士の多くが救出されたとはいえ、フランスとベルギーでの大規模な軍事的敗走という事実に目をつぶってはならない。要塞線の大部分を失い、貴重な鉱山や工場、海峡のすべての港は敵の手に落ち、すぐに次なる敵の攻撃が我々に、あるいはフランスに向けられるであろう。もし国民が自らの責務を果たし、何一つ怠ることなくこれまでのように最善の準備で臨むのであれば、我々は再びこの母国を守り、戦争の嵐を乗り越え、独裁者の脅威をも耐え抜くことができると確信している。それが数年に及んでも、たとえ我が国だけになろうとも。

　イギリス帝国とフランス共和国はその理念と責務をともにし、良き仲間として力の及ぶ限り助け合い、お互いの祖国を死守する。たとえヨーロッパの広い地域や古くからの名だたる国家が陥落し、ゲシュタポの手にかかり、悪しきナチスの支配下におかれることがあっても、我々は決してひるまず、あきらめない。我々は最後まで戦い抜く。フランスで戦い、海浜と大洋で戦い、ますます高まる自信と戦力をもって空で戦い、いかなる犠牲を払おうとも我々の島国を守る。

　我々は戦う。岸辺で、上陸地点で、野原で、街路で、丘で。我々は決して降伏しない。

　万が一、広く本土が征服され飢えに苦しむことになろうとも、わが帝国は海の向こうでイギリス艦隊に守られつつ、必ずや戦い続けることだろう。神の思し召しにより、新世界が持てる力の全てで旧世界の救済と解放に向かう時まで。

2 ウォロディミル・ゼレンスキー
「ウクライナに栄光あれ」2022年3月8日@英国議会
オンライン／同12月21日@米国連邦議会

▶ ゼレンスキーはパトス（感情）の人

池上　ボリス・ジョンソンと同様に、ウクライナのゼレンスキー大統領も、イギリス議会に向けてのオンライン演説では、チャーチルという人気者にあやかるテクニックをうまく使いましたね。

パックン　ゼレンスキーの演説も、日本語に訳してしまうとチャーチルとは違う意味で、もったいないんですよね。ゼレンスキーは英語ではなくウクライナ語で語っていて、日本語訳も英訳も同時通訳者によるものです。

　修辞学では、説得力のある演説には3つの要素があると言われています。エトス、ロゴス、そしてパトスです。エトスとは、その人物自身の信頼性です。人格や経歴、権威が含まれます。その人の話を聞きたくなる要素ですよね。ロゴスは論理的なアピール、そして磨かれた言葉の力、そしてパトスは聞いている人の感情です。

　チャーチルは、失敗したチェンバレン政権とは違うとアピールすることでエトスを高めようともしましたが、彼の強みは何と言ってもロゴスです。何度も原稿を書き直し、繰り返し音などの巧みな技を駆使しながら感情を高めるストーリーを練りに練っていました。

　一方、ゼレンスキーはロゴスよりはエトスとパトスの

人です。ビデオ演説の際にも、防空壕のような殺風景な部屋に国旗のみを飾り、Tシャツ姿で登場しました。イギリス議会に登壇するのにふさわしい格好ではありませんが、今まさに戦時に置かれている状況を表すのには最適であり、この映像だけで、戦禍のなか命を張って戦場に残っているという緊迫感が伝わってきます。見た人は誰もが「この人はすごいな」と引きつけられる。エトスが抜群なんです。

　そういう演出ですから、当然、台本があるはずですが、その場で即興的に喋っているようにも聞こえる。だから通訳者もその場で訳すしかなくて、字幕も上手とは言えません。でも、そのたどたどしさが、かえってリアルさを導き出している。

池上　ゼレンスキー大統領は元俳優で、制作会社を持っているので、専属のスピーチライターもいるんですよね。彼が各国向けにその国にふさわしい演説ができていたのも、スピーチライターの腕の賜物でしょう。

　この演説でも、例えば中頃の一文「われわれは、海で戦い、空で戦い、どれだけ犠牲を出そうとも、われわれの領土を守ります」、これは明らかにチャーチル演説を彷彿とさせます。イギリス議会の人たちは、間違いなくこれで感動する。演説が終わると、涙を流している議員もいました。まさにパトスだよね。

パックン　うまいですね。

池上　うまい。この文の直前にシェイクスピアの『ハムレット』の有名な台詞「to be, or not to be」（生きるべきか、死すべきか）を出していて、ええっ、こんな手

垢のついた表現を今使うのか、とがっかりしましたが、その後にこのチャーチルの引用を持ってきた。おお、すごいと感心したんです。

パックン イギリスといえばシェイクスピアですから、そうした名台詞を使うことで相手の文化へのリスペクトを示し、親近感を抱かせるというエトスのテクニックですよね。

同様の手法は、アメリカのレーガンやケネディ、オバマも愛用したことで有名です。レーガンやケネディは相手の国の言語を使って、「あなたの国のことが好きです」とか「私はあなたの仲間ですよ」というイメージを与えて、エトスを上げてきました（第3章、第4章参照）。

ゼレンスキーはおっしゃるように、テレビの人気番組のチーフプロデューサーも務めた人なので、表情や身体の使い方も実にうまいんです。演説中の瞬きも少なく、パフォーマーとしての強さがある。

池上 彼はアメリカ議会へのオンライン演説では真珠湾攻撃に言及していました（2022年3月16日）。日本人はギョッとしたけれど、アメリカ人は「真珠湾攻撃」と聞けば思い出すものがあるし、それと同じだと言えば親近感が湧く。その例を出すことで日本に波紋が起きるとは考えてもみなかったのでしょう。

パックン その場に合わせての技ですね。外交として当然のことです。日本の安倍元首相だって、アメリカに行けばスピーチでアメリカ史を振り返ったり、墓地を訪問したりする（第9章参照）。それと同じですよね。

▶ あの日からの 13 日間を描く

パックン　そしてこの演説、2022 年 2 月 24 日、ロシアによる攻撃開始から 13 日間に起きた出来事を 1 日ずつ描写して、臨場感のあるストーリーに仕立てています。イギリスの報道ではこの演説は「Thirteen days of struggle」（苦闘の 13 日間）と呼ばれていました。

池上　偶然でしょうけれど、1963 年のキューバ危機も 13 日間でしたね。

パックン　偶然ですね！　演説の冒頭で「連合軍としてイギリスがナチスと戦ったときと同じだよ」と呼びかけているのもチャーチル演説を彷彿とさせます。文章を見ていきましょう。

　「1 日目の午前 4 時、ミサイルが飛んできました。子どもたち、私たち全員、ウクライナのすべての人、みんなが目を覚ましました。それ以来眠っていません」

池上　眠っていないわけはないんだけど、これはまさに「安心して寝られない」というレトリックですね。

パックン　はい。ただ、戦争となればほとんど寝られないというのも真実でしょう。

　「私たちは皆、武器を取りました。そして大きな軍隊になりました」

　国と軍を切り離さないようにしている。

　「2 日目、私たちは空、陸、海での攻撃を撃退していました。そして、私たちの英雄的な国境警備隊は、戦争の終わり方を教えてくれました」

池上　ズミイヌイ島への攻撃ですよね。ズミイヌイ島は黒海に浮かぶウクライナ領で、ロシアにしてみればどう

しても押さえておきたい島だった。そこでロシア海軍の黒海艦隊の巡洋艦モスクワは無線で、ウクライナの国境警備隊に「武器を捨てて降伏しろ。さもなくば空爆されるぞ」と呼びかけた。それに対してウクライナの警備隊がロシア語で「ロシアの軍艦よ、くたばれ」と答えた。この無線交信のやりとりが公開されると、一気に拡散されて世界中に知られることになったんですよね。

ウクライナではすぐに、ウクライナの人たちが巡洋艦モスクワに向かって中指を立てる姿を描いた切手が発売されたほど盛り上がったようです。実際にはその後この国境警備隊はロシア軍に降伏し、全員が捕虜となって無事だったわけだけど。

パックン ロシア語はわかりませんが、この部分、英語では「Go fuck yourself」と訳されています。「地獄に落ちろ」よりひどい、アメリカではワーストを争うほど強烈な、殴り合いになってもおかしくない罵り言葉です。

このズミイヌイ島攻撃の件が世界的に知られたおかげで、「私たちの英雄的な国境警備隊」と言及するだけで、説明しなくても聴衆は「ああ、あの話ね」とわかるのです。ゼレンスキーの文章に戻りましょう。

「その翌日から大砲攻撃が始まり、4日目には我々が捕虜を取り始めた。もちろん人道的に扱っている。5日目、絶え間ない攻撃が降り注いでいる。家だけでなく学校、病院も攻撃を受けている。それでも我々は屈しない。これが私たちに大きな真実の気持ちを与えてくれた」

台本がなくて通訳者も戸惑っている感じが伝わってきますね。英訳には feeling of big truth（フィーリング・オブ・ビッグ・トゥルース）とありますが、「大きな真実の感じ（？）」と、少し意味不明な英語です（笑）。でもむしろこのほうが、一生懸命頑張っている感じが伝わりエトスは高くなるんです。

　練りに練った言葉が操れないとコミュニケーション上手になれないと思い込んでいる方が多いのですが、実際にはそうとも限りません。**洗練された言葉よりも、リアルな状況が伝わる素朴な表現のほうがいいという場合は結構あります。**例えば子どものしゃべる言葉。表現がうまくいっていない所もあるけれど、だからこそかわいくて心を動かされるわけです。頑張って話そうとしている外国人の下手な日本語にくすぐられることもあるでしょう？　それでいいんです。ゼレンスキーもそうです。これは立派な演説です。前もって原稿を通訳者に渡さなくて本当によかったと思います。

▶「ウクライナも私も、ナチスじゃない」

池上　「６日目に、ロシアのミサイルがバビヤール渓谷に落下しました」

　これ、我々日本人にはわからないけれど、ユダヤ人なら誰でもわかる重要な場所なのです。ウクライナ・キーウのテレビ塔にロシアがミサイル攻撃をした。もちろんテレビ塔も破損しましたが、ミサイルが落ちた横には、ナチスドイツによって虐殺された10万人のユダヤ人の慰霊碑があった。バビヤール渓谷と聞けば、ヨーロッパ

のユダヤ人の脳裏には「バビヤールの虐殺」が思い浮かぶ。ああ、ロシアはナチスのようなことをやっているんだな、と連想するわけです。

パックン　ウクライナはかつてナチスにもやられて、今、ロシアにもやられているのだ、という印象を強く植えつける部分ですね。それだけではありません。ロシアは侵攻の理由を「ウクライナの脱ナチス化」だと主張していた。でもそれは違う、我々はむしろナチスの被害者なのだ、と、ゼレンスキーは聴衆に思い出させようとしていた。

池上　ゼレンスキー大統領自身、ユダヤ系ですからね。

パックン　ええ。ナチスとの戦いで亡くなった親戚がたくさんいて、生き残ったのは父親と祖父だけだと公言しています。ロシアはゼレンスキーのこともナチスだと言っていますが、それは違うんだと、ここで強調しているんですよね。

池上　ではなぜロシアはゼレンスキーやウクライナをナチスだと断定するのか。

　それは、第2次世界大戦中、ナチスドイツがソ連に攻め込んできた際、ソ連の支配にうんざりしていたウクライナ人が、ドイツ側についてソ連と戦ったからです。つまりあの戦争中、ウクライナはソ連とともにドイツと戦ったウクライナ軍と、ナチスと一緒にソ連と戦ったウクライナ軍との悲惨な内戦の場だったわけです。

　壮絶な独ソ戦の末結局、ソ連はドイツを撃退。ドイツとともに戦ったウクライナはナチスも同然だと全面的に否定されてしまいます。ところがソ連が崩壊し、ウクラ

イナが独立を果たすと、ウクライナ国内では、ナチスド
イツ側について戦った者を国の独立に貢献したと評価す
る動きが出てきた。プーチン大統領はそのことを取り上
げて、「ナチスの再評価をしている」「ウクライナの政権
はナチスだ」と断定し、侵攻の口実にしているのです。

　パックンの指摘通り、演説のこの箇所には、そうした
二重の意味を込めているということですよね。

パックン　一方、ロシアが実質支配をしていたウクライ
ナ東部の町で親ロシア派に対抗していたアゾフ連隊に
は、確かにネオナチ的な側面もあるので、紛らわしいと
ころもありますね。

池上　アゾフ連隊は元々極右のナチス的な存在として始
まりましたから。2014年から始まった武力衝突である
ドンバス危機以降、国家親衛隊に併合される際、ナチス
色は消えたけれど、なんとなくナチスを引きずっている
イメージが残っている。

パックン　ウクライナとしても、アゾフ連隊に対して
「いやいや、お前らナチスじゃん、あっち行けよ」と言
いたい気持ちはあるけれど、もはやそんなことを言って
いる場合じゃない、ナチスでもいいから一緒に戦おう
ぜ、となっているんですよね。その辺り厳密には難しい
部分なのですが、この演説では「我々はナチスではな
い」と再三主張している、と。

▶ 過去の惨劇を思い起こさせる

パックン　「8日目、ロシアの戦車によってヨーロッパ
最大の原発が攻撃された。これは全世界に対するテロ

だ」

　ここで「全世界」と口にして、政権や軍事施設だけではなく、ウクライナ国民全員、ヨーロッパ全体、あるいは日本までを含む人類全体へのテロという意味を込めている。

池上　ヨーロッパの人にとっては、チェルノブイリ（チョルノービリ）の原発事故を彷彿とさせますよね。原発が攻撃されたと聞けば、誰もがチェルノブイリの二の舞になるかもしれない、という恐怖を抱く。

パックン　実際、放射性物質が風に乗って隣国の人々を被曝させる可能性だってある。さすがにイギリスまでは飛んでいかないかもしれないけれど、ともかく脅威であることを伝えている。

　「9日目。NATO諸国の会議があったけれど、望んだ結果にはならなかった」

池上　ウクライナはNATO（北大西洋条約機構）に対して、ウクライナ上空を飛行禁止区域にしてくれと頼んでいました。つまりロシアの戦闘機がウクライナ上空に入ってこられないようにしてほしいということだったのですが、飛行禁止区域にするということはすなわち、NATO軍がウクライナ上空をパトロールし、入ってきたロシア軍機をその場で撃墜することを意味する。それではNATOがウクライナでロシア軍と戦争することになってしまう。第3次世界大戦を始めるようなことはできないので、NATOはその要請には応じなかった。そのことに対して、ゼレンスキーは不満を述べている。

パックン　それをすればNATOとロシアの直接戦争に

なってしまいますからね。そもそもロシアがウクライナを侵攻した理屈は、先ほどの「ウクライナがナチスだから」のほかに「ウクライナがNATOの手下だから」というのもあります。NATOがもし実際にロシアと対戦すれば、この主張が事実になってしまう。NATOはロシアの言うデタラメを裏付け、真実にするようなことはしたくない。そういう思いもあって、飛行禁止区域を設定しなかったのです。

「10日目には、武器を持たないウクライナ国民が抵抗を始めた。装甲車を、自らの手で止めようとし始めた」

池上 これを聞くと、ヨーロッパの人はハンガリー事件（1956年）とプラハの春（1968年）を思い出すはずです。東西冷戦時代、ハンガリーで民主化運動が起きました。ブダペストに戦車で乗り込んできたソ連軍に対し、ハンガリーの人々は素手で立ち向かい、多くが殺されてしまった。あるいはチェコスロバキアの民主化運動プラハの春でも、ソ連の戦車で多くの民衆が踏み潰された。そうした歴史を彷彿とさせる一文です。

パックン 中国の天安門事件（1989年）を思い出す方も多いでしょう。

「11日目、住宅地はすでに爆撃され、爆発がすべてを破壊し、破壊された小児がん病院から子どもたちが避難した日、ウクライナ人は英雄になりました」

爆撃されている存在を英雄と言っている。

「12日目、ロシア軍の兵隊が1万人以上死亡し、そこには将軍も含まれていた」

池上 ロシア軍の戦死者が1万人を超えたというのは、

ウクライナが言っている数字ということで、ロシアが発表しているものではないことには注意しましょう。

▶「子ども」で感情を揺さぶる

パックン 「13日目に、ロシア軍が封鎖したマリウポリで子どもが脱水症状で亡くなった。食料も水も与えてもらえず、市民は地下室に閉じ込められている」

　……このように、13日間の出来事を1日1行程度ずつ、モンタージュ的に見せていくのです。まるで映像のようです。映画というよりむしろ、さらに短いミュージックビデオ的な感じでしょうか。パッパッパッとシーンが移り変わる中でストーリーが見えてきて、戦争の残虐性が伝わってくる。うまいですよね。

池上　荒削りな表現がむしろ心を打つ。

パックン　まさに。

　「ロシアの侵略の13日間で、50人以上の子どもが殺されました」

　「生きていけたはずの子どもたちを、彼らが私たちから奪ったのです」

　わずか13日間でいかにひどい状況に陥ったか。まさにパトスのテクニックです。子どもを失った悲しみやロシアへの憤（いきどお）りを煽（あお）りながら、自らの手で戦車を止めようとするウクライナ国民の英雄的な行動を応援したくなる気持ちを高めていく。最終的にはやはり行動につなげようとしています。

池上　民間人が何百人も殺されました、ではなく「子どもが50人以上」と表現することで、敵の残虐性を強調

することに成功しています。子どもが殺されるというのはとにかく悲劇的ですから。

パックン　しかも「50人以上の子どもが殺された」のはもちろん侵略された側だけです。侵略している側のロシアの子どもの命は1人も奪われていない。ウクライナはそのような不公平な戦いに巻き込まれたのだというイメージを、この「子ども」の1単語で伝えています。

　そして最後にあのシェイクスピアの『ハムレット』の決め台詞、「to be, or not to be」（生きるべきか、死ぬべきか）を持ってくる。ハムレットはこの問いに答えを出せませんでしたが、ゼレンスキーは答えを出しています。

　「It's definitely yes to be」（生きるべきです）と。

池上　断言していますね。

パックン　そして最後の最後に、

　「私たちは最後まで戦い抜く。海でも戦い、空でも戦う。いかなる犠牲を払おうとも、私たちの領土のために戦い続ける。私たちは戦う。森で、野原で、海岸で、街路で。加えてカミリウス川やドニプロ川などの川岸でも戦い続けます」

　どこかで聞いたセリフ、そう、第1章で取り上げたチャーチルへのオマージュです。

池上　イギリス議会の聴衆なら、全員わかるオマージュです。

パックン　「テロ国家に対する制裁を強化してください」と呼びかけて、「ウクライナに栄光あれ。イギリスに栄光あれ」と締める。この演説に感激したイギリス議

会の議員の中には、「我々、みんながウクライナ人である」と口にする人もいました。

池上　「われわれはウクライナ人である」——これはケネディがベルリンで行った演説で使ったテクニックでもありますね。

パックン　まさに。それは次の第3章で見ていきます！

▶ 郷に入りては郷に従え——アメリカでのレトリック

池上　このスピーチの後、2022年12月にゼレンスキーは開戦後初めてウクライナを出て渡米し、アメリカの議会で対面で演説をしています。共和党議員には欠席者が結構いましたが。

パックン　共和党の下院議員は、213議席中出席したのはわずか86人。クリスマス休暇の前で悪天候だったとはいえ、少なすぎます。下院議員は国民の投票によって選出されますが、選挙区の有権者の人数が少ない分だけ、極端な人が多いのです。州全体で選ばれる上院議員は中道的な傾向があるのですが。

池上　上院議員にはやはりそれなりの見識を持っている人が多いですね。2022年11月の中間選挙で下院議員に、共和党からとんでもない人が当選していました。すべての経歴が嘘だったという。

パックン　ニューヨーク州のジョージ・サントスですね。カミングアウト済みの同性愛者が共和党から下院議員になったのは初めてで、画期的なことで注目されましたが、それ以外の彼の経歴はほとんどが嘘です。祖母がホロコーストから逃れたユダヤ人というのも嘘だし、出

身大学とされた大学にも在籍しておらず、シティグループやゴールドマンサックスでの勤務経験も動物保護ＮＧＯでの活動も嘘だった。

池上　そして、全部ばれたのに辞めないという。

パックン　横領や詐欺罪などで訴追され

ウォロディミル・ゼレンスキー（1978—）。2022年12月21日米国連邦議会にて：Â©Carol Guzy／ZUMA Press Wire／共同

ても離党にさえならないのだから、共和党はおもしろいですよね。

池上　ともあれ、12月21日に行われたゼレンスキー対面演説の際、スタンディングオベーションが何度も起きたと日本で報道されましたが、実はアメリカ議会であの演説を聴いていた人は少なかったのです。韓国の国会でも同様でした。その後韓国では、あんなに兵器をたくさん売っているのに政治家がウクライナ問題に関心が低くていいのか、と問題になっています。

パックン　アメリカ議会でのゼレンスキー演説で、一度も立ち上がらなかった共和党下院議員７名の名前が公表されています。見事に全員が、リバタリアン的な共和党下院議員連盟であるフリーダム・コーカスのメンバーでした。

池上　やっぱり。アメリカ国民の金をなぜアメリカのた

めではなく、ウクライナのために使うんだ、ウクライナに支援する金があるなら、もっと減税しろと反対している人たちですね。

パックン　フリーダム・コーカスはもともと、極端に小さな政府を求める保守強硬派運動の「ティーパーティー」から生まれた、緊縮財政派の保守派ですからね。孤立主義の立場です。ゼレンスキーのスピーチは「我々の戦いは世界のためであり、みんなの自由を守るためなのだ」という主張なので、正反対です。

池上　ゼレンスキーは「民主主義の投資だ」という表現をしていました。いかにもアメリカ的だと思いました。「投資」という言葉に落とし込むと、アメリカ人の琴線に触れやすい。

パックン　そうなんです。

「Your money is not charity. It's an investment in the global security and democracy that we handle in the most responsible way.」（皆さんは慈善事業［チャリティー］にお金を出しているのではありません。これは世界の安全保障と民主主義への投資であり、私たちは責任を持って担います。）

この一文は、修辞学的にもすばらしい。charity（慈善）ではなく investment（投資）だ、のように「○○ではなく、△△です」という構文は、スピーチをする人はぜひマスターしてほしいテクニックです。

池上　この一文は今、アフリカの国々も使い始めています。「途上国で気の毒だから援助するのではなく、これから発展していく我々に投資をしてくれ。そうすれば必

ず見返りがありますよ」と。そういう言い方に変わってきています。

パックン　この構文は、教育問題を語る際に僕もよく使っています。「子どもにかけるお金は支出ではない、将来必ず返ってくる投資なんですよ」と。すごく便利なフレーミングです。

池上　わが子にかけたお金は見返りがあるとは限りませんが、社会全体としては子どもにお金をかけるのは投資ですから。

パックン　その通りです。国民の生産性が上がれば納税額も上がりますし。

とにかく、この米国議会でのゼレンスキーの演説は、アメリカ向けを意識して作られている。ところどころにアメリカ的な表現も使っています。たとえば「Ukraine is alive and kicking」という表現。「alive and kicking」は「絶好調」という意味のスラングで、アーティスト Mr. Big の人気曲「Alive and kickin'」も彷彿とさせる。スピーチライターはかなりアメリカ文化に精通しているな、うまいなと思いましたね。

「If your «Patriots» stop the Russian terror against our cities, it will let Ukrainian patriots work to the full to defend our freedom.」（あなたたちのパトリオット［迎撃ミサイル］が守ってくれれば、ウクライナの愛国者［パトリオット］が自由を守るべく全力を発揮できるでしょう。）

という部分では、パトリオットミサイルと愛国者を掛ける言葉遊びも使っています。

さらにその後、思いっきりダジャレにも挑戦していてびっくりしました。

　「And also -together with you!- we'll put in place everyone, who will defy freedom. Put-in.」（あなたたちと力を合わせて、自由を否定する人には思い知らせてやる。）

　この部分、「put in」をゆっくり言って、さらにもう一度繰り返す。つまり「put-in」をプーチンに掛けている。

池上　本当にダジャレだ。

パックン　世界的危機というこの深刻なタイミングで、ものすごくくだらないダジャレを使うという。聴衆の議員は苦笑してくれましたが。

池上　さすが元コメディアン。

パックン　さらには、

　「We have artillery. Yes. Thank you. Is it enough? Honestly, not really.」（大砲はたくさんあります、ありがとうございます。十分でしょうか？　正直そうじゃねえ。）

と、非常にくだけた英語表現「Honestly, not really」を入れてきているのもおもしろい。修辞学の基本はやはり、お客さんに歩み寄ることですからね。

　「The Russians will stand a chance to be free only when they defeat the Kremlin in their minds.」

という、このメッセージもうまいですね。戦いの舞台は戦場だけでなく、心の中にもある。ロシア国民は、心の中のクレムリン（ロシア大統領府）を打ち倒して初めて

自由になれるのだ、と。物理的な戦場と精神的な戦場という メタファー（比喩表現）を使っている。

　同じ文言を繰り返すという、優れた演説でよく使われるテクニックも駆使されています。ロシアによるバフムートへの攻撃が続く中、バフムートが倒れていないことを「Bakhmut stands」と表現し、繰り返しています。「stands」（〜が立つ）は非常に強い、強調する単語です。立派なスピーチライターの存在を感じますし、英語でしっかり伝えたいという本人の意思の強さも伝わってきますね。

池上　見事だよね。「Every inch of that land is soaked in blood」と、「インチ」を使っているところもすごい。ウクライナはメートル法で、インチを使うのはアメリカだけ。そこもちゃんと合わせている。

パックン　イギリスならチャーチルやシェイクスピアを引用し、アメリカでは米国式のイディオムやヤード・ポンド法を使ったりと、演説を行う国それぞれに合わせていますね。

池上　ルーズベルトの台詞も引用しているけれど、それは彼が戦争を指揮した大統領だったから？

パックン　フランクリン・ルーズベルトは民主党ですが、第2次世界大戦を勝利に導いたという点では超党的なヒーローです。共和党のリンカーンも然り。ルーズベルトの演説の元ネタは、1941年12月8日に真珠湾攻撃に対抗するスピーチから、

「No matter how long it may take us to overcome this premeditated invasion, the American people, in their righteous might, will win through to absolute victory.」（アメリカの人々なら、どんなに時間がかかっても、この確信犯的な侵略に対して、正義をもって絶対的な勝利まで戦い続けるだろう。）

の部分ですね。「我々も同じだ」と。ルーズベルトのセリフを丸ごと、うまく使っています。

　ルーズベルトの演説の際の写真と見比べると、連邦議会の議場でほぼ同じ構図で人が座っていますが、よく見ると時代の変化を感じます。

池上　2022 年は、演説者の後ろに写っている上院議長と下院議長がどちらも女性という点ですね。

パックン　そう。しかも片方が有色人種の女性です。変わらないものと、変わるもの。それぞれを象徴する意義深い演説の機会でした。

池上　真珠湾攻撃の他にも、「サラトガの戦い」や「バルジの戦い」といったアメリカ人の誰もが知る歴史的な戦闘を引き合いに出していますね。「サラトガ」はアメリカ独立戦争でアメリカがイギリスに勝って、形勢を逆転させた戦いで、「バルジ」は、第 2 次世界大戦でアメリカ含む連合軍がナチスドイツと戦い、連合軍がドイツ軍を押し返した戦いです。

パックン　ナチスドイツ軍を押し返したアメリカ兵と同様のことを、勇敢なウクライナ兵はロシア軍に対して今年のクリスマスにやるんだと言っている。皮肉にも、プーチンがクリスマス停戦を呼びかけましたよね。

▶ これは宗教戦争であり、言語闘争でもある

池上 ゼレンスキーもクリスマスに触れています。「皆さん、あと2日で私たちもクリスマスを祝います。おそらく蠟燭の明かりで。ロマンチックな理由ではなく、（ロシアの攻撃によっての停電のため）電気を失うからです。」(In two days, we will celebrate Christmas. Maybe, candlelit. Not because it is more romantic. But because there will be no electricity.)

　この対比は見事ですね。

パックン キャンドルライトにクリスマス……。演説というのは、聴く者の頭に自然とそのシーンを思い起こさせるのが成功への鍵なのですが、ここはまさにそんなシーンですよね。クリスマスというみんなの心が敏感になる話題を持ち出して、

　「何百万もの人々が暖房も水道も使えなくなるでしょう。これらはすべて、ロシアのミサイルとドローンによる攻撃の結果です。」(Millions won't have neither heating nor running water. All of this will be the result of Russian missile and drone attacks on our energy infrastructure.)

　と心を動かし、

　「それでも私たちは不平は言いません。」(But we do not complain.)

　「皆さんの幸福は、皆さんの国の安全保障の賜物です。独立のための戦いと多くの勝利の結果です。私たちウクライナ人も尊厳と成功を持って、独立と自由のために戦い抜きます。」(Your well-being is the product of your national security -- the result of your struggle for independence and your many victories. We, Ukrainians, will also go through our war of independence and freedom with dignity and success.）

と続ける。対比の中に相手との絆を生み出そうとしている、実にうまい流れです。

池上　そのようにゼレンスキーがクリスマスを用いた巧みな演説を行ったのに対し、プーチンはクリスマスをロシア正教式にするかヨーロッパのカトリック式にするかを迫り、クリスマス停戦を呼び掛けた。心理戦というか、宗教戦争に持ち込もうとした。

　というのも、ユリウス暦を用いるロシア正教を含む東方正教におけるクリスマスは1月7日で、従来はウクライナ正教もそれを採用していた。でも今回の侵攻を経てウクライナは、2022年のクリスマスは初めてカトリック式に12月25日に祝うことにしましたね。

パックン　今回のウクライナ侵攻がきっかけで、ロシア正教は東方正教のトップから降ろされるのではないかと僕は考えています。ロシア正教の総主教キリル1世（キリル総主教）はプーチンの盟友で、ロシア軍の勝利はロシア正教会の勝利と考えてきた。

池上　ロシア軍にはロシア正教の聖職者も従軍していて、軍の中に立派な教会があるんです。キリル総主教はプーチンと同じサンクトペテルブルク出身で、しかもKGB（ソ連国家保安委員会）のスパイだったという共通点があると言われています。

パックン　ロシア正教の教会といえば、モスクワの赤の

広場に建つ玉ねぎ屋根で有名な聖ワシリー大聖堂があります
ますね。これは1551年から1560年の間にロシア皇帝イ
ヴァン4世がカザン・ハン国の征服を記念して建てられ
たもので、ロシア帝国の拡大を讃（たた）える象徴なのです。ロ
シアにおける信仰と、プーチンの考える帝国像との複雑
な関係を感じます。

池上　今回の戦争において宗教という点に注目すると、
ウクライナの方もとても複雑です。キーウの西に位置す
る都市リビウは、かつてポーランドに占領されていた時
期があり、住民の多くがカトリックに改宗しています。
ただ、祈りのやり方にウクライナ正教のやり方を残して
いるので「東方典礼カトリック」と呼ばれている。東方
典礼カトリックの人たちにとってクリスマスは以前から
12月25日です。他方で、キーウから東側のウクライナ
の人たちはウクライナ正教なのでクリスマスは1月7日
だった。

　カトリックは世界中の信者がローマ教皇に従います
が、プロテスタントは多くの宗派がありそれぞれ別の教
会に属しています。東方正教会はそれとも違い、それぞ
れの国家と密接な関係のもとで成立しています。セルビ
ア正教、ジョージア正教、アルメニア正教……など、み
んな独立している。その中でベラルーシ正教とウクライ
ナ正教は例外で、ロシア正教の管轄下にあり、独立して
いませんでした。

　ちなみに東京の御茶ノ水にあるニコライ堂も、日本正
教ですがロシア正教の管轄下にあります。だからウクラ
イナ侵攻に際しても「戦争は良くない」というメッセー

ジは出しましたが、ロシアへの非難は発していません。

　ともあれウクライナ正教はロシア正教の管轄下だったのですが、2014年のロシアによるクリミア併合に反発した人たちが2018年に独立したウクライナ正教を作り、コンスタンティノープルのギリシャ正教の総主教に認めてもらったという経緯があります。

パックン　ギリシャとロシアの正教会間の争いのタネにもなったわけですね。

池上　ロシア正教のキリル総主教は激怒しますよね。自分の管轄下だったはずなのに、と。さらに、そもそも東方正教会はカトリックと違って総元締めはなく独立しているものだから、コンスタンティノープル総主教に何を言われても関係ない、とも捉えるでしょう。これ以降、ウクライナ正教が、ロシア正教下のウクライナ正教と、独立したウクライナ正教の2つに分かれることになります。2022年の侵攻の結果、前者の人たちがさらに独立をした。つまり現在ウクライナには、ウクライナ正教の顔をしたカトリック教会、ロシア正教の管轄下のウクライナ正教、そこから分かれて2018年、2022年にそれぞれ独立した2つのウクライナ正教、合計4つの派があることになります。

パックン　2014年のクリミア併合時にはそこまで分離が進まなかったけれど、今回はさすがに独立派のほうが多数派になりました。

池上　逆にロシア正教の管轄下にあるウクライナ正教は少数派になりました。これは宗教戦争でもある、と捉えられる事態です。

だからウクライナが12月25日にクリスマスをやろう
としたとき、プーチンはロシアが占領する地域のロシア
語話者たちが「そうだった、我々はロシア正教だ」と思
い起こすように、「クリスマスは1月7日だ」と断言し
た。そういう心理作戦ですよね。

パックン　もともとウクライナ侵攻の背景には、プーチ
ンが広めようとしているロシア帝国主義がある。プーチ
ンは2000年頃までは多民族国家としてのロシアを認
め、西洋とも融和的なスタンスを保っていた。それが急
にロシアはスーパーパワーであり、ウクライナもロシア
の一部であると考えるようになりました。当然、宗教も
含めての話になります。

池上　プーチンは2021年年頭の演説で、ロシアとウク
ライナの民族的一体性について言及していました（2021
年1月27日）。ウクライナもベラルーシもロシアも同じ
民族なのに、なぜ別の国を作るのか、と。

パックン　同じ国なのだとしたら、自分の国の街を壊滅
状態にしたりしないはずですが。

池上　ウクライナ東部の親ロシア派が多い地域では、
2014年から政府軍と親ロシア派武装勢力との紛争が激
化していましたが、その原因の一つが、ロシア語話者の
多かった東部住民にウクライナ語を強制しようとしたこ
とでした。これに対する猛反発が紛争に発展したという
経緯がある。東部の人たちがロシア寄りになったのは、
言語の問題もあるんです。これは言語の争いでもあるわ
けです。ゼレンスキー自身もロシア語話者だったという
のが皮肉で、だからこそ彼は大統領になる前後から一生

懸命ウクライナ語を勉強した。

パックン　ある記事で読んだのですが、ゼレンスキーは軍において最高司令官としてのスタンスをあまりアピールしていないそうです。つまり彼は、シビリアンコントロール（文民統制）の形を保ちながらも、軍事的な作戦や戦法ではその道のプロに任せ、スピーチで人々の心をつかんで政府の考えるほうに行動してもらうことのほうに専念しているんですね。

池上　逆にプーチンは、軍の戦闘方法にまで細かく口を出しているそうですよ。現場の司令官に不満があると、すぐ交替させてしまう。

パックン　そうすると現場は、プーチンが怖くて失敗は明かせないし、判断も正確にできなくなりそうですね。プーチンはすべてを自分で動かすという自信過剰からか、侵攻当初は３日間で斬首作戦ができるという計画でしたが、いまだ戦争は続いています。

▶ スピーチの役割、言葉の重み

パックン　リーダーの言葉が人々の心をつかみ行動を変えることを実践できているかどうかは重要です。例えば、ケネディの第３章で詳しく取り上げますが、彼の名台詞「Ich bin ein Berliner」は、ドイツに向かう飛行機の中で思いついたアドリブだったそうです。「私はベルリン人です、はドイツ語でどう言うのか」とスタッフに聞いて、スピーチに取り入れたそうです。その一文で、彼はベルリン市民だけでなく世界中の人の心をつかみました。

池上　それで思い出しましたが、先の米国連邦議会での演説時、ゼレンスキーは「I'm a Ukrainian（私はウクライナ人です）」と英語で書かれたトレーナーを着ていましたよ。これはまさに「Ich bin ein Berliner」へのオマージュですよね。

　2001年、ニューヨークで同時多発テロ事件が起きたとき、ドイツ人たちが「I'm a New Yorker」と掲げてデモをして、ケネディがかつて発信した「Ich bin ein Berliner」に応えました。また、2015年、フランスで新聞社のシャルリー・エブド襲撃事件が起きたとき、世界中で「Je suis Charlie（私はシャルリー・エブド）」というスローガンが使われました。ケネディの名台詞を発端に、オマージュが連鎖しているとも取れますね。

パックン　そうですね。一方、ゼレンスキーはこの演説の最後を、こう締めています。

　「May God forever bless the United States of America! Merry Christmas and a happy victorious New Year! Slava Ukraini!」、（合衆国に永遠なる神の祝福を。メリー・クリスマス、そして幸せに満ちた新年を。ウクライナに栄光あれ。）

　相手の国に思いを寄せながら、最後の一文はウクライナ語で。希望にあふれた締めの言葉です。

【演説要旨＝ 2022 年 3 月 8 日＠英国議会オンライン】

　偉大な歴史を持つ国である英国のすべての皆さんに訴えます。私も同じく偉大な国の、夢と大いなる奮闘の国の一市民として、そして一大統領として訴えます。この 13 日間の戦争は、私たちが始めたわけでも、望んだわけでもありません。しかし、私たちはこの戦争を遂行しなければなりません。なぜなら、私たちの祖国ウクライナを失いたくないからです。ナチスが英国と戦い始めたとき、あなた方も自分の国を失いたくなかったのと同じように。

　……（中略。13 日間の描写は本文参照）……

　英国がすでに耳にしたことのある言葉を思い出してください。私たちはあきらめないし、負けません。

　私たちは最後まで戦い抜く。海でも戦い、空でも戦う。いかなる犠牲を払おうとも、私たちの領土のために戦い続ける。私たちは戦う。森で、野原で、海岸で、街路で。加えてカリミウス川やドニプロ川などの川岸でも戦い続けます。

　私たちはあなた方の、文明国からの助けを求めています。どうか引き続きロシアがテロ国家であるとの認識の下で制裁を強化し、ウクライナの空の安全を確保する術を見つけてください。偉大な国としてやるべきことをしてください。

　ウクライナに栄光あれ。英国に栄光あれ。

【原文抜粋＝ 2022 年 12 月 21 日＠米国連邦議会】(本文解説で取り上げた部分に下線を付した)

　……冒頭略……

Against all odds and doom and gloom scenarios, Ukraine didn't fall. <u>Ukraine is alive and kicking</u>.

　And it gives me good reason to share with you our first joint victory-we defeated Russia in the battle for minds of the world. We have no fear. Nor should anyone in the world have it.

　Ukrainians gained this victory-and it gives us courage, which inspires the entire world.

　……中略……

　Last year sevently thousand people lived here in Bakhmut and now only few civilians stay.

　<u>Every inch of that land is soaked in blood</u>. Roaring guns sound

every hour. Trenches in the Donbas change hands several times a day in fierce combat and even hand fighting. But the Ukrainian Donbas stands.

……中略……

<u>We have artillery. Yes. Thank you. Is it enough? Honestly, not really</u>. To ensure Bakhmut is not just a stronghold that holds back the Russian army - but for the Russian army to completely pull out - more cannons and shells are needed.

If so, just like <u>the Battle of Saratoga</u>, the fight for Bakhmut will change the trajectory of our war for independence and for freedom.

……中略……

Financial assistance is also critically important. And I would like to thank you for both, financial packages you have already provided us with, and the ones you may be willing to decide on. <u>Your money is not charity. It's an investment in the global security and democracy that we handle in the most responsible way.</u>

……中略……

Standing here today, I recall the words of the President Franklin Delano Roosevelt, which are so good for this moment: "<u>The American people in their righteous might will win through to absolute victory.</u>"

The Ukrainian people will win, too. Absolutely.

……後略……

【演説要旨＝2022年12月21日＠米国連邦議会】

親愛なるアメリカの皆さん、私たちウクライナ人と同じように強く自由と正義を重んじる皆さんに、私の尊敬と感謝の言葉が心に響くことを願っています。

悲観的な勝算の見込みに反して、ウクライナは陥落しておりません。ウクライナは健在です。私たちは恐れていませんし、世界の誰も恐れるべきではありません。ウクライナの初勝利は私たちに勇気を与え、全世界を奮起させます。もう一つ非常に重要なのは、ロシア人は自分たちの心の中のクレムリン（ロシア大統領府）を倒さないかぎり、自由を手にするために立ち上がれないのです。しかし、戦いは続いています。私たちは戦場でクレムリンを倒さなければなりません。

この戦いは、領土のためや、ウクライナ人そしてロシアが征服を企て

るほかの国の人々の命や自由、安全を守るためだけのものではありません。この戦いは、私たちの子どもや孫が、そしてその子どもや孫が、どのような世界で生きていくかを決めるものです。

　領土のためや、ウクライナ人そしてロシアが征服を企てる他の国の人々の命や自由、安全を守るためだけのものではありません。ロシア人の戦術は野蛮です。見るものすべてを焼き払い、破壊する。前線には刺客を放ち、戦争に犯罪者を駆り出す。バルジの戦いの如く、あらゆる攻撃をしかけてきます。1944年のクリスマスに勇敢なアメリカ人兵士がヒトラーの軍隊に反撃し戦線を守ったのと同じように、今年のクリスマスには勇敢なウクライナ人兵士がプーチンの軍隊に対し戦っているのです。

　ウクライナは戦線を維持し、決して降伏はしない。自由な市民生活が専制国家の残虐行為にさらされる前線で持ち堪えるだけでなく、戦場で勝利へと歩を進めるためにも皆さんの支援が必要なのです。私たちには大砲があります、ありがとうございます。十分でしょうか？　正直なところ、ぜんぜん足りません。バフムートのロシア軍を完全に撤退させるためには、より多くの大砲と砲弾が必要です。サラトガの戦いのように、バフムートの戦いを、独立と自由のための戦争の転機にするために。

　アメリカのパトリオット（迎撃ミサイル）でロシアのテロ攻撃を阻止できれば、ウクライナの愛国者（パトリオット）は自由を守るべく全力を発揮できるでしょう。

　いま止めなければ、いずれ彼らはアメリカの他の同盟国を攻撃します。だから私たちは戦わなければならない。私たちの領土でウクライナ兵士のかわりにアメリカの兵士に戦ってほしいとは頼んだことはありません。ウクライナ兵士はアメリカの戦車も航空機も完璧に扱えます。皆さんは慈善事業にお金を出しているのではありません。これは世界の安全保障と民主主義への投資であり、私たちは責任をもって担います。皆さん、あと2日で私たちもクリスマスを祝います。おそらく蝋燭の明かりで。ロマンチックな理由ではなく、電気を失うからです。何百万もの人々が暖房も水道も使えなくなるでしょう。これらはすべて、ロシアのミサイルとドローンによる攻撃の結果です。

　それでも私たちは不平は言いません。どちらの生活が楽かとは比べません。皆さんの幸福は、皆さんの国の安全保障の賜物です。独立のための戦いと多くの勝利の結果です。私たちウクライナ人も、尊厳と成功を

もって、独立と自由のために戦い抜きます。すべてのウクライナ人の願いは同じ。勝利のみです。この場に立ち、私はルーズベルト元大統領の言葉を思い出します。「アメリカ国民は、その正義の力によって、絶対的な勝利を勝ち取るだろう」。ウクライナも絶対に勝利します。私たちは立ち上がり、戦い、そして勝利します。なぜなら、ウクライナ、アメリカ、そして自由な世界全体が団結しているからです。私たちの勇敢な軍隊と市民に神のご加護を。アメリカに永遠なる神の祝福を。メリー・クリスマス、そして幸せで勝利に満ちた新年を。

　ウクライナに栄光あれ。

3 ジョン・F・ケネディ
「Ich bin ein Berliner（私はベルリン市民です）」
1963年6月26日＠西ベルリン

▶ 生粋のヒーローが残した数々の名演説

パックン　ケネディにはアメリカ史上最高のスピーチライターの一人、テッド・ソレンソンがいました。ソレンソンがケネディを動かしていたという陰謀論も囁かれるほど影響力のあった人です。もちろん、大統領のアイディアや言葉をまとめる役割でしたが、彼はケネディの就任演説を書いたとき、演説終了後、誰のものか問われないよう初稿を焼却したと言われています。

　就任演説のすばらしさにも定評がありますね。

「The torch has been passed to a new generation of Americans」（聖火は新しい世代のアメリカ人に受け継がれた）

という序盤の印象的なフレーズから、

「Ask not what your country can do for you – ask what you can do for your country」（国があなたに何をしてくれるかではなく、あなたは国のために何ができるのかを問いなさい）

という名言まで。アメリカ国民が求める「ビジョナリー」、アメリカが歩むべき道について、先を見通して完璧な構成と美しく力強い言葉で国民に示しました。

池上　私は中学生のときにあの演説を聴いて、純粋に感

動しましたよ。でもあの名言は、誰かのパクリだという説もありませんか？

ジョン・F・ケネディ
(1917—63)；ＤＰＡ＝共同

パックン 確かに似たことを言っていた大統領はいますが、だいぶ違います。ケネディ自身も選挙運動中、同じ趣旨のことを言っていましたが、ここまで磨きはかかっていなかった。就任演説のときには、まさに結晶のような美しい文言に仕上がっています。

　同じ言葉の語順を反転させるアンチメタボール（antimetabole）という修辞法を使っています。同じ文章構造の中で、country, you から you, country と単語を入れ替える。ちなみに、似ている手法にキアスムス（chiasmus）があり、これは全く同じ単語ではなく、同じような単語を使うやつ。僕のお気に入りなのは主語と目的語が入れ替わる、People own dogs. Cats own people.「飼い主は飼い犬を飼う、飼い猫は飼い主を飼う」という、ちょっと笑える例。

池上 ネコは何もせずに飼い主を動かすことを表しているのですね。

パックン 就任演説はほかにも重要なメッセージがたくさん込められた、すばらしい演説です。ちなみに就任演説で感動したのは、池上さんだけではありませんよ。黒人として初めてミシシッピ大学に入学したジェームズ・メレディスも、高校生のときにこの演説を聴いたことが

きっかけで入学願書を出すことにした。「白人オンリールール」があったミシシッピ大学からは2度拒絶されましたが、裁判の結果、入学が認められることになった。大学内では暴動も起きましたが、ケネディが連邦軍を要請して鎮圧したうえ、登校の日に連邦保安官など数百もの警備体制でメレディスを守ることにした。相当大変だったものの、大きなバリアが一つ倒されることになりました。つまりあの演説によって動かされた黒人少年の行動が、公民権運動の大きな転機を生んだのです。公民権運動については、後の章でキング牧師（第10章）、マルコムX（第11章）、マンデラ（第12章）のスピーチを通して詳しく解説します。

▶ 1963年6月、公民権法、キューバ危機後、ベルリン訪問

パックン　実は1963年6月は、ケネディの重要な演説が3つも集中しているんです。1つは今回取り上げる西ベルリンでの演説ですが、そのほかに公民権法を請願する演説（6月11日）と、キューバ危機後の世界についての「平和のための戦略」演説（6月10日）も、歴史を動かしたすばらしい作品です。

　前者の公民権法とは人種差別を禁止する初めての法律で、ケネディは「我々は今、同じ色の血を流している」という有名な一文で始まる演説を行いました。公民権運動の重要な転機となりました。

池上　キューバ危機とは前年10月、ソ連がキューバに核ミサイル基地を建設していることが発覚、米ソ間の緊張が高まって核戦争の一歩手前まで行った出来事です。

パックン　ケネディとソ連のフルシチョフ第一書記がやりとりをしてなんとか一触即発を免れた。お互いに英断をしたと思います。それまでソ連に対してタカ派的な発言の多かったケネディですが、「共産圏の皆さんとも同じ地球の隣人として、平和に暮らしたい」という内容の演説をしたんです。

　この２つだけでもすごいのに、ケネディはこの６月、さらにベルリンに行き、「Ich bin ein Berliner（私はベルリン市民です）」という歴史に残る演説を行いました。でもこのときには、２週間前の演説での融和的メッセージを少し撤回します。というのもドイツの首相が懸念を示したからです。そこでベルリン市民を安心させるとともに、アメリカのタカ派にも配慮しつつ、自らの思う「自由のため、地球の発展のため」というメッセージも忍ばせている。

　ケネディ大統領はビジョンはありますが、政治力は正直言ってあまりありません。政治力なら後任のリンドン・ベインズ・ジョンソン（通称LBJ）のほうがずっと強い。でもどんなアメリカであるべきか、というビジョンを見せるという点では、特にこのベルリンでの演説と就任演説、そして「我々は月へ行くぞ！」と宇宙開発に邁進するアメリカを見事に示した、ライス大学での演説の３つがピカイチです。

▶ 冷戦下のユーモア

パックン　演説本文を見ていきましょう。まずラテン語のフレーズ「civis Romanus sum」を持ってきて、そ

れが「Ich bin ein Berliner」の原型になるのです。独特のユーモアですね。

池上 ローマ帝国時代の有名な「私はローマ人である」という台詞ですね。このレトリックが理解できる西ベルリンの人たちの教育レベルの高さも窺えます。

パックン 「civis Romanus sum」は、実際には「俺はローマ市民だ、奴隷とは違うエリートだぜ」という傲慢な表現だったので、「Ich bin ein Berliner」とは意味合いが違います。ただ、ベルリン市民は、誇り高いという点ではローマ市民に共通している。逆境に置かれながら、冷戦の最前線で誇りを失わず戦っているベルリンの皆さんは先鋭隊です、という意思表示の意味合いもあったのかもしれません。

そしてその後に「Ich bin ein Berliner」を持ってくるんです。

「Today, in the world of freedom, the proudest boast is "Ich bin ein Berliner."」(「私はベルリン市民である」と言えることは、今日の自由社会における誇りです。)

このとき、ケネディはジョークもアドリブで付け加えている。「通訳さん、僕のドイツ語をドイツ語に直してくれてありがとう」と。

池上 自虐的なギャグだ(笑)。

パックン ちなみにこの後、東ベルリンにはソ連のフルシチョフも来て、演説を行います。歓迎した市民の数を比べると、ケネディは 100 万人、フルシチョフは 50 万人程度だったそうです。フルシチョフはその演説で何と

言ったか――「I love this wall（この壁、いいね）」です。

池上 なんとも直球な表現だけど、ひねりやユーモアがないね。

パックン この台詞はケネディのと違って流行(はや)らなかったです。ただ、相手を褒めるというのは演説において重要なことです。18年も戦ってきた相手を褒め称える。ゼレンスキーの演説でも、街の素晴らしさや人々の精神の強靭さを褒めたり、戦う姿勢に心を打たれたなど、聴衆の国を褒めていましたよね。

　ケネディの場合はアメリカの大統領として、東ベルリン市民が聞いていることも念頭において、そして西の自由世界の人たちに向けても話さなくてはなりません。そこで、キング牧師の言葉「injustice anywhere is injustice everywhere（不正義はどこかにあれば、全てのところにある）」をもじって、

　「when one man is enslaved, all are not free」（1人でも奴隷となれば、全員が自由とは言えないのです）と言った。

池上 うまい。キングへのオマージュを捧げつつ、冷戦の構図を語っている。

パックン 「All free men, wherever they may live, are citizens of Berlin, and, therefore, as a free man, I take pride in the words "Ich bin ein Berliner."」（どこに住んでいようとも、自由な人間であることがベルリン市民である証です。ですから私も自由な人間のひとりとして、誇りをもって言います。『私はベルリン市

民です』)。

　これで、わずか 10 分ほどの短いスピーチを締めます。台本を見ずに、自分の思いをそのまま話しているように見える。そこも大きなポイントですね。

　ゼレンスキー大統領の演説も、用意されたものだったとしても、ものすごくリアルに響いたし、だからこそ人々の心を動かした。そのリアルさがエトスを上げる最も重要なポイントです。

▶ ベルリンの壁の特殊性

パックン　当時の西ベルリンといえば、東ドイツ内にあるベルリンという都市の西部分、つまり東ドイツ内の孤島のような飛び地です。

　「Let them come to Berlin.」（彼らにはぜひ、ベルリンに来てもらいたい。）
と繰り返しているのは、その特殊性を伝えるためでもあるでしょう。繰り返しは、これを強調したい、と伝えるのに効果的です。同じ文を 4 回繰り返しますが、反論を先に取り上げて、それを論破する形で「Let them come to Berlin」を入れています。例えば、「共産主義は未来からくる波だと主張する人がいる」、その意見に先手を打つように「彼にはベルリンに来てもらいたい」と畳みかける。

池上　「ヨーロッパ内外にも、共産主義とうまくやっていけるという人もいる」、彼らにもベルリンに来てもらいたい、と。

　このベルリンの壁を見れば、共産主義者と一緒にやっ

ていくことができないのは明らかだと言っているのですね。繰り返しの中で一度、「Lass' sie nach Berlin kommen.」と、同じ意味のドイツ語も入れています。

パックン 街の半分が自由の離れ小島として残っていた当時のベルリンは、世界が最も注目していた街です。まるで自由世界の孤島だったのです。

池上 西ベルリンは東ドイツの中にポツンとあったわけですから、ベルリンの壁は、西ベルリンをぐるりと取り囲む壁だったのです。

ドイツが東西に分割された際、首都ベルリンはソ連、アメリカ、イギリス、フランスの4つに分割された。結果的に東半分はソ連が、西半分はアメリカを中心にイギリス、フランスの3カ国側になった。分割直後は行き来が自由だったので、東世界を嫌う東ドイツの人たちはどっと西ベルリンに逃げ込んだ。西ベルリンからは飛行機や鉄道、アウトバーンで西ドイツに行くことができましたからね。困った東ドイツは、これ以上西に人口が流出しないように、西ベルリンを壁で囲んだ。これがベルリンの壁です。

壁というと通常は万里の長城のように、敵の襲来に備えて作るものですが、ベルリンの壁は、自国民が西ベルリンへと逃げていかないように閉じ込める壁でした。**ケネディは「ベルリンに来てみればいい。共産主義者は逃げたい人を逃してくれないんだよ」と言っているのです。**

パックン 国家を成り立たせる3大要素は、恒久的な住民がいて、領土があって、主権があることです。今おっ

しゃったように、普通は自国民が襲われないよう、または外から他国民が勝手に入ってこないように壁を作るのであって、自国民が逃げていかないように壁を建てるというのは他にありませんね。

池上　唯一の例外が北朝鮮でしょうか。北朝鮮に壁はありませんが、国境となっている川から自国民が逃げないように目を光らせている。

パックン　確かに。北朝鮮と東ドイツは同じことをやっていると言えますね。レーガンが演説の中でこう断言しています。「共産主義の趣旨はわかるけれど、自由主義では国民を囲い込むために壁を作る必要はない」と。レーガンの演説は、次の第4章で取り上げます！

池上　日本では海外に出るとき、パスポートに出国スタンプが押されますが、アメリカには出国手続きがありませんよね。入国スタンプはあるけれど、出国のときは「どうぞどうぞ」とスルーです。逆に、独裁的な国では出国手続きが厳重です。

パックン　ビザをもらわないと出られない国もあります。

池上　出国の手続きの煩雑度合いによって、その国の自由度がわかります。その究極がアメリカです。

パックン　トランプ支持者たちが国境に壁を建てようとする気持ちもわからなくはないです。入国もスルーだと困るからね。しかし、不法移民の過半数は観光ビザなどで飛行機で入ってきているといわれます。宇宙までの高い壁を建てないと飛行機は止められませんね。国境の壁は歩いて入国しようとする、中南米の貧困層の移民や難

民だけをブロックするのです。ちなみに、トランプが当選した後「アメリカ人の不法入国を止めるべく、カナダが国境に壁を建てるべきだ！」というジョークもよく聞きました。

▶ 宗派アレルギーを解消した男

池上　この演説はベルリンの市役所（シェーネベルク市庁舎）前の広場で行われました。現地に「ここがその場所です」とプレートに刻印されて残っているのを私も確認しました。

パックン　この広場はもともとベルリンの初代市長に因んだ名前だったのですが、この演説以降、「ジョン・F・ケネディ広場」に改名されているのです。初代市長はベルリンに地下鉄を通したような偉い人だったのに、ケネディにあっさり塗り替えられてしまった。

池上　まさに歴史を変えた演説ですね。

パックン　僕はお笑い芸人としても、ケネディを尊敬しているんです。

　ケネディはカトリック信者として初めてアメリカ大統領になった人です。ケネディ以前にいたアル・スミスというカトリックの大統領候補はボロ負けしていて、カトリックでは大統領になれないのだという空気が垂れ込めていた。その対策としてケネディは、テキサス州のある教会の前で「政教分離を徹底するべきだ」という演説をするんです。カトリック系の学校に税金を投入してほしいというカトリック側の要望を退け、宗教は教育からも切り離すべきだと断言した。その演説中の彼のジョーク

が非常に印象的でした。

　カトリックにとって、絶対的な存在として君臨するのはローマ教皇です。その下に枢機卿がいて司祭がいて神父がいる。神からのメッセージを受信するローマ教皇は不可謬であり、決して間違えることはないという信仰ですから、カトリックであるケネディ大統領はローマ教皇に言われたことは神様の思し召しとして必ず実行しなくてはならない、こう懸念されていたわけです。しかしケネディはテキサスの教会で、司祭がいる前で「ローマ教皇といえば不可謬、決して間違えることはないというけど、彼はいつも僕の名前を間違えるんだ」と、相当に不謹慎で自虐的なジョークを放った。これ、めちゃ面白いんですよ。

池上　当時のアメリカでは、カトリック教徒はローマ教皇の言うことは必ず聞く、大統領がよその国の人の指示に従うというのはいかがなものか、というイメージがあり、民主党の予備選挙でも問題になっていた。それをケネディは「自分は政教分離をやるよ」と宣言して構わず予備選挙を勝ち進み、民主党の大統領候補になり、さらには大統領に選出された。これは大変なことなんですよね。

　今のバイデン大統領もカトリックですが、彼でようやく２人目ですからね。彼ら以外は全員がプロテスタントです。バイデンの選出にあたって、カトリックであることはもはや問題にはなりませんでした。

パックン　全然なっていません。ケネディがある程度解消したとも言えますね。あとは、カトリックとプロテス

タントの福音派とが中絶反対で肩を組んだことで、政治的拒絶反応を乗り越えたということもあるのではないでしょうか。中絶反対は1970年代以降の共和党の存在意義の一つになり、その結果、それ以前は対立していた福音派とカトリック教徒、共和党が仲間意識を持つようになったのです。

池上　福音派はプロテスタントなので、本来はカトリックと対立するはずなんだけど、人工妊娠中絶反対では主張が同じだったと。

パックン　共和党からモルモン教徒の大統領候補ミット・ロムニーが出たことも、一因かもしれません。

池上　ミット・ロムニーは大統領選でオバマに負けましたが、共和党の候補になる際、モルモン教徒であることがあまり問題にならなかったんですよね。モルモン教徒はもともと非常に保守的で真面目、金持ちのビジネスマンが多いので、共和党は受け入れやすかったのでしょう。モルモン教は教会に十字架も掲げないし、独自のモルモン書を聖書として扱っているから、一般のキリスト教徒からは「あれはキリスト教ではない」と例外視されています。モルモン教徒が大統領候補になれるのだから、カトリックだって問題ないというムードはできていったでしょうね。

パックン　当時ロムニーは保守的すぎると思われていましたが、共和党が極右方向に進んだ今は、中道派としてリベラルから重宝されているようです。

▶ ケネディは自虐ネタの名手？

パックン　ちなみに、ケネディの演説には、その他にも好きなジョークがいくつかあります。この人すごく面白い大統領なんです。自虐系、他虐系、いろんなジョークがある。

　　月面着陸を目指すと発言したライス大学での演説では、「なぜそんな無謀なことを目指すのかと聞くのは、なぜ最も高い山を登ろうとするのか、あるいはなぜ単独飛行で大西洋横断をするのか、なぜライス大学はアメフトでテキサス大学と対戦するのかと聞くのと同じだ」と言っている。他虐的でいいでしょう？

池上　面白い。

パックン　ライス大学は優秀な大学ですが、テキサス大学にアメフトで勝つことがまずないんです。

　　ロケット飛行の描写でも、「大気圏突入の際、ロケットは太陽の表面よりも高い、今日の会場並みの高温になる」と言って、テキサスは猛暑で有名なので「わーっ」と盛り上がった。自虐ネタは1つ、2つ持っておいたほうが絶対に盛り上がりますよ。池上さんも何かありますか。

池上　ありますよ。演説ではつい自慢をしたくなりますが、あからさまに自慢すると引かれますよね。私の自慢に見えない自虐ネタは、「私はこれまで世界86の国と地域を回ってきました。でもイモトアヤコは100カ国以上に行っていますから、私はまだ彼女にかないません」です。これを言うと、ドッとウケる。

パックン　面白いですね。ケネディにはこんなのもあり

ます。資産家のケネディは、選挙のライバルから「お金持ちだからなんでもできる、選挙だって買収できるだろう」と突っ込まれて、こう言った。「僕は父から票は1票も買うなと釘を刺されているんです。買ってしまうと圧勝になっちゃうから」と。つまり金持ちすぎるから、と。

池上　すごい自虐ネタだね。

パックン　弟のロバート・ケネディを司法長官に指名したときも、「司法長官にしては若すぎるし、同族経営じゃないか」と突っ込まれて、こう答えています。「いや、いつかこいつは弁護士になるから、とりあえずここで経験を積めと言っているんです」。

　また、趣味についてケネディは「読むことが大好きで、（就任した後の）今は以前よりたくさん読んでいるが、読むのが好きじゃなくなった」と、プリントメディアで批判されていることを指して自虐的に語っています。

池上　そういえば、ケネディ大統領が暗殺された後、弟のロバートも暗殺されたね。大統領はケネディ家の次男だった。ロバートが三男。長男は第2次世界大戦で戦没しているから、人に殺された兄弟が3人いた。さらに、四男のエドワード・ケネディも、運転していた車が湖に転落し、同乗していた女性が溺死したこともあって、ケネディ家は呪われているのではないかとよく言われました。

▶ ベルリンの壁崩壊のきっかけを作った演説

パックン　そうですね。ジョン・F・ケネディ・ジュニアも、自ら操縦していた飛行機の墜落事故で亡くなりましたし。

　ともかく、この演説が歴史を動かしたのは、融和的な態度を示した直後に強い態度に出てソ連側を牽制した、という点が大きいと思いますね。

池上　ベルリンの壁という深刻な問題があることを、世界に知らしめたのも大きな功績です。ベルリンの壁はこの演説によって共産主義、ソ連の非人道的なやり方のシンボルになったし、だからこそ崩壊したときにあれだけの騒ぎになった。その意味で世界を動かした演説だったと言っていいでしょう。

　そして前の章でも触れた通り、この演説は、後の9.11の際の「I'm a New Yorker」や、ウクライナ侵攻における「I'm a Ukrainian」にもつながっていく元祖です。

パックン　そうですね。歴史をすぐに動かしたわけではないけれど、26年後のベルリンの壁崩壊のきっかけを作った。いずれにしてもケネディは世界を動かした大統領に違いありません。

池上　ベトナム戦争を始めた男であり、公民権運動のビジョンを示した大統領でもあった。発展途上国にアメリカの若者を送って支援するという平和部隊「ピースコー（Peace Corps）」を作ったのもケネディでしたね。ピースコーを参考にして日本が作ったのが、青年海外協力隊です。

パックン　ベトナム戦争を始めた。人種の平等を進め

た。冷戦の対立構造を固めた。同時に、1960年代に世界各地で高まった平和を取り戻すための運動にもつながるビジョンを示した。そんな複雑なレガシーを残す極めて重要な人物だと思います。

……冒頭略……

Two thousand years ago, the proudest boast was "civis Romanus sum". Today, in the world of freedom, the proudest boast is "Ich bin ein Berliner."

I appreciate my interpreter translating my German!

There are many people in the world who really don't understand, or say they don't, what is the great issue between the free world and the Communist world. Let them come to Berlin. There are some who say that communism is the wave of the future. Let them come to Berlin. And there are some who say in Europe and elsewhere we can work with the Communists. Let them come to Berlin. And there are even a few who say that it is true that communism is an evil system, but it permits us to make economic progress. Lass' sie nach Berlin kommen. Let them come to Berlin.

Freedom has many difficulties and democracy is not perfect, but we have never had to put a wall up to keep our people in, to prevent them from leaving us. I want to say, on behalf of my countrymen, who live many miles away on the other side of the Atlantic, who are far distant from you, that they take the greatest pride that they have been able to share with you, even from a distance, the story of the last 18 years. I know of no town, no city, that has been besieged for 18 years that still lives with the vitality and the force, and the hope and the determination of the city of West Berlin. While the wall is the most obvious and vivid demonstration of the failures of the Communist system, for all the world to see, we take no satisfaction in it, for it is, as your Mayor has said, an offense not only against history but an offense against humanity, separating families, dividing husbands and wives and brothers and sisters, and dividing a people who wish to be joined together.

……中略……

Freedom is indivisible, and when one man is enslaved, all are not free. When all are free, then we look forward to that day when this city will be joined as one and this country and this great Continent of Europe in a peaceful and hopeful globe. When that day finally comes, as it will, the people of West Berlin can take sober satisfaction in the fact that they were in the front lines for almost two decades.

<u>All free men, wherever they may live, are citizens of Berlin, and, therefore, as a free man, I take pride in the words "Ich bin ein Berliner."</u>

【演説要旨】

「私はベルリン市民である」と言えることは、今日の自由社会における誇りであります。

自由主義世界と共産主義世界との狭間にある問題を世界の多くの人は理解していない。共産主義は未来からくる波だと主張する人がいる。ヨーロッパ内外にも共産主義とうまくやっていけるという人もいる。さらに共産主義が邪悪な体制であっても、それで経済が発展すると主張する人さえいる。

そういう人たちには、ぜひ、ベルリンに来てもらいたい。自由は多くの困難を抱え、民主主義も完璧ではない。しかし私たちは市民を閉じ込めるための壁をはりめぐらしたことはありません。ベルリンの壁は共産主義体制の失敗を最も如実に世界に知らしめるものです。自由は不可分であり、1人でも奴隷となれば、全員が自由とは言えないのです。

全員が自由になって初めてこの街がひとつになり、平和で希望ある世界で、この国とそしてヨーロッパ全土とがひとつになる日が来ると、私たちは期待できるのです。どこに住んでいようとも、自由な人間であることがベルリン市民である証です。ですから私も自由な人間のひとりとして、誇りをもって言います。「Ich bin ein Berliner. （私はベルリン市民です）」

4 ロナルド・レーガン
「この壁を壊してください！」
1987年6月12日＠西ベルリン・ブランデンブルク門

▶「つかみ」は現地語で

パックン　この演説は冒頭で、前章で取り上げたジョン・F・ケネディのベルリンでの演説を受けて始まっています。レーガンも、演説が格別にうまい大統領です。

池上　レーガンはドイツ語のフレーズを序盤で入れていますね。「私はまだベルリンにスーツケースを残している」と。「私の前の多くの大統領がそうだったように……」に続く部分ですが、絶妙です。

パックン　これは、マレーネ・ディートリヒが歌った「Ich hab' noch einen Koffer in Berlin（ベルリンのスーツケース）」という歌のタイトルから採っていますね。

池上　なるほど、ドイツでよく知られた歌のタイトルを引用し、「私のスーツケースは今もここにあるのだから、また来ます。アメリカは今後もベルリンにかかわり続けますよ」というメッセージを暗に伝えているというわけか。

パックン　聴衆の心をつかむためには、相手の言語を少しでも使ったり、その文化のネタに触れたりするのがポイントです。その国の言葉をワンフレーズ、一単語でもいいから使うと、「こいつ、わかってる」とプラスに受け止められるのです。

池上　そういえば中曽根康弘も、1983年1月に首相として韓国を公式訪問した際、当時の全斗煥(チョンドゥファン)大統領との夕食会の挨拶において韓国語を使っていました。かつて韓国を植民地支配し、自国語を強制していた日本の首相が韓国語で演説をしてくれたというのは、韓国の人たちにとっては重要なことだった。中曽根はそのことを分かっていて使ったのでしょう。

ロナルド・レーガン（1911―2004）；
ＤＰＡ＝共同

▶ 一都市の問題ではなく、全世界の問題なのだ

パックン　レーガンにとってベルリン訪問は、このときが2回目でした。彼の前の代の大統領をざっと見ると、ニクソン（在任1969〜74）は冷戦を注視しつつも中国に重点を置いており、リンドン・B・ジョンソン（在任1963〜69）はベトナムに、カーター（在任1977〜81）はイランに手一杯だったので、レーガンがケネディ以来の大統領として東西冷戦を最も意識していたかもしれません。

　熱心なプロテスタントのキリスト教徒で保守派のレーガンは、白黒をつけるのが大好きな人でした。就任から

５年間はタカ派的な過激なレトリックを多用していた。軍事予算の引き上げに前のめりで、冷戦には自分たちが絶対勝つのだ、というスタンスだったのです。しかしこの1987年のベルリン訪問時には、ケネディの頃よりもヨーロッパとソ連との政治的・経済的な違い、いわば国力の差がはっきりしていた。だからこそゴルバチョフ書記長へのピンポイントの呼びかけが重要でした。

　まず冒頭で、「ベルリンにはケネディらアメリカの大統領が来ている、それはここが重要な自由の街だからというだけではなく、我々の国より500年も歴史が長く、グルーネヴァルトとティーアガルテンという美しい庭園があるからだ」と持ち上げて、聴衆の気持ちを高揚させます。

　しゃべるのが大好きなレーガンの演説はケネディの演説の４倍も長いです。先ほどもお話がありましたが、序盤でドイツ語を発します。その量もケネディより多い。先ほどのスーツケースの一文の次に出てくるのは、

　「Es gibt nur ein Berlin.」（ベルリンは１つです。）これは長さ的にも形的にも、ケネディが発した「Ich bin ein Berliner」にとても似ていて、明らかなオマージュになっています。

　そして、バルト海の南側から見えるドイツを分断している物として、「gash of barbed wire（切り傷となる有刺鉄線）」「concrete（コンクリート）」「dog runs（放し飼いの犬）」「guard towers（監視塔）」と並べていくのですが、こうした少し怖くて暴力的な単語の羅列は感情をかき立てる効果があります。レーガンはこのテクニ

ックをしばしば巧みに使います。

池上　ベルリンの壁の東側は、100 メートルにわたって空き地になっていました。壁（コンクリートと有刺鉄線）を越えるにはその前にある空き地を 100 メートル走らなければならず、監視用の番犬もいた。逃げようとする人が空き地を横切ると、まず犬が気づいて吠える。それに気づいた監視兵が脱走者を撃ち殺す。そういう状態を描写した部分ですね。

パックン　まさに。同時に、こういうふうに「ガッ」「カッ」「ダッ」「タッ」という強い子音の連続は、それだけで怖い響きになるし、聴き手は嫌な気持ちになります。それをさらに「scar of a wall（壁という傷跡）」といった比喩表現で強調している。

　そして、次の章で取り上げるヴァイツゼッカーの言葉も引用したうえで、「この門が閉まっている限り、ドイツの問題は開いたままだ」とブランデンブルク門を東西ドイツ問題になぞらえて言及し、さらに「解決をみずに開かれたままなのはドイツの問題だけでなく、全人類の自由にかかわる問題なのだ」と広げていく。ここでは「open」（開かれた）と「closed」（閉まっている）の対比もとても美しい。対義語を用いてインパクトを高めるテクニックはアンチテーゼ（antithesis）といいます。

　ケネディ同様に、これはドイツ、ベルリンの問題だけではなく、世界の問題だと伝えているのです。多くの人々の関心を引くためには、各論から総論に飛躍させることが重要です。我々全員が解決しなくてはならない問題なのだと意識させること。**ベルリンは東京とは比べも**

のにならないほど小さな街ですが、その小さな街の問題が、自由で人権の保障された世界と、独裁的な世界との対立を代表しているのだ、と。

池上　ブランデンブルク門は、18世紀に建造されたドイツの関税門です。のちに凱旋門のような位置づけになり、門のてっぺんには4頭立ての馬車に乗った勝利の女神ヴィクトリアの像が乗せられていて、ナポレオン時代のフランスに奪われた後で返還されたというエピソードもあります。この門はもともとベルリンのシンボルでしたが、第2次大戦後ベルリンの壁によって東ベルリン側に入ってしまった。

　レーガンが「ブランデンブルク門が閉まっている限り」というのは、つまり「ベルリンの壁がある限り」ということを暗喩として伝える表現ということですね。

パックン　ベルリンで一番の象徴的な場所、町の心臓が閉ざされている。そのことを強調しています。

▶ ベルリンの真ん中でソ連に軍縮を呼びかける

パックン　ソ連のフルシチョフが1950年代に西側諸国に対して言い放った有名な言葉「我々は君たちを葬るだろう」は、敵対する姿勢をストレートに伝えるものとして解釈されていますが、レーガンはそれを引き合いに出して、現実を伝え、論破しています。

　今の西側諸国は、繁栄と幸福を達成している。一方で共産主義世界では、技術も遅れているし、健康水準も低い、食料も足りない……と。続いてソ連内における一部の改革・開放政策について言及していますが、この演説

は、ラジオの電波に乗ってモスクワでも聴くことができました。電波に国境はないから、聴こうと思ってラジオの周波数を合わせれば、ソ連にいても聴くことができたわけです。

池上 1980年代後半以来の、ゴルバチョフによるペレストロイカの成果を言っているのですね。「外国のニュース放送の一部が妨害されなくなった、という情報が寄せられている」と言及していますね。

ペレストロイカ以前は、外国からの電波を妨害するための電波がずっと出ていた。私は学生時代に北京放送や平壌放送、モスクワ放送を面白がって聴いていたのですが、ラジオをその周波数に合わせようとするとノイズが入ってうまく聴けなくなるんです。この周波数に近い所で韓国など西側諸国が宣伝放送をしていた。それを妨害するためでした。ゴルバチョフ以降はそれをやめたから、聴けるようになりました。

パックン 変わった学生さんだったんですね、池上さんは（笑）。

ともあれレーガンは、ある程度は自由に経済活動ができきるようになったと、ペレストロイカの功績に触れています。そしてここから、ゴルバチョフへのラブコールが始まります。ゴルバチョフさん、あなたはフルシチョフと違ってうまくやっています。でもそれはただのポーズなのか、それとも本物の開放なのか、と問いかける。

「ゴルバチョフ書記長、もしあなたが平和を求めるのなら、ソ連と東欧の繁栄を求めるのなら、自由化を求めるならば、この門においでください！」

この部分、ケネディの台詞「Lass' sie nach Berlin kommen.」（彼らにはベルリンに来てもらいたい）を思い出します。同じことを言っていますね。

池上　こう見てくると、西ベルリンで東ドイツに向かって「ベルリンの壁を撤去しなさい」と言いながら、同時に、ソ連のゴルバチョフにも問いかけるという構造ですね。

パックン　ソ連の傀儡政権である東ドイツに、壁を撤去する権限はありませんから。

池上　そうなんです。東西冷戦時代、東ドイツはソ連の言いなりでした。東ドイツのホーネッカー書記長が晴れの日に傘をさしていたのでなぜかと聞いたら「今、モスクワは雨なんだ」と答えた、というジョークがあるほどです。

パックン　面白い！この演説は、もともとドイツ語で行われる予定だったそうですが、ゴルバチョフに向けていたのなら、ロシア語でやるべきでしたね（笑）。

▶ ザ・グレート・コミュニケーター、レーガンのお手並拝見

パックン　レーガンはこの後、具体策を語り始めます。核兵器軍縮条約の話もしています。もうひと頑張りすれば、レーガン政権中に核兵器やミサイルをすべて廃止できたはずですが、残念ながらそこまでは踏み込まなかった。でもここでは、攻撃兵器の大幅な削減や戦略防衛構想（スターウォーズ計画）など、具体策を次々と挙げている。レトリックの定番も活かしています。

　「East and West do not mistrust each other

because we are armed; we are armed because we mistrust each other.」（東側と西側は、武装しているから互いに不信感を抱いているのではなく、互いに不信感を抱いているから武装しているのです。）

　語順を逆にするキアスムスのレトリックが使われていますね。

「And our differences are not about weapons but about liberty.」（私たちの違いは武器のことではなく、自由に関することなのです。）

　AではなくBなのである、この構文ですね。

「……despite all the pressures upon this city, Berlin stands secure in its liberty. And freedom itself is transforming the globe.」（さまざまな圧力にもかかわらず、ベルリンは揺るぎない自由の上に立ち、その自由そのものが世界を変えつつあるのです。）

　これは、アメリカで300年も前から理想として伝えられる「shining city on the hill（丘の上の輝かしい町）」というレーガンお気に入りのフレーズを連想させます。ベルリンはアメリカのように変化をもたらす自由の象徴として世界を照らすのだ、と言っているんですね。

池上　17世紀にイギリスから新世界アメリカにやってきたピューリタンの指導者ジョン・ウィンスロップが『聖書』から引用した言葉ですね。あらゆる場所から見える丘の上の町は、立派でなくてはならない、という「丘の上の町」の説教は有名で、様々な場面で引用されています。

パックン　レーガンは、リンカーン、ケネディ、オバマ

と並ぶコミュニケーションの達人で、「ザ・グレート・コミュニケーター」という別称を持つ人ですから、話術のお手本として注目していただきたいです。

▶ レーガンとゴルバチョフの歩み寄りが冷戦終結をもたらした

パックン　レーガンが冷戦に勝利したという保守的な主張もよく聞かれますが、池上さんはどう考えていますか？

池上　当時のアメリカは、ソ連が作っている様々なミサイルを宇宙空間ですべて迎撃できるシステムを構築予定だという荒唐無稽な「スターウォーズ計画」をでっち上げ、ソ連はそれを信じてしまった。ゴルバチョフは「これではもうアメリカには勝てない」と、東西冷戦の継続を断念したとも言われています。証拠がないのでなんとも言えませんが。

パックン　僕はその説は支持しません。レーガン政権中、ソ連の国防費は上がっていないので、レーガンが莫大な資金を軍備競争に投じたからソ連が負けたということではない気がします。アメリカは減税をしながら国防費を上げたので、結局財政赤字を作っただけです。

池上　それが「レーガノミクス」ですね。

パックン　別に成功してないけど、日本では有名な言葉ですね。

池上　そう。レーガノミクスというのは冷笑された言葉なんです。だから安倍晋三元首相が「アベノミクス」と言い始めたとき、あんなバカにされた言葉をもじるなんて、彼はレーガノミクスの歴史的評価を知らないのかと

思った。

パックン　僕も同感です。

池上　減税しつつ軍備費など財政支出は増やす。減税すればみんなが豊かになるので、結果的には税収が増えるというトンデモ学説「ラッファー曲線」に、レーガンが乗ってしまったのです。当時、共和党の大統領予備選挙でレーガンと競っていたパパ・ブッシュは、「そんなことできるわけがないだろう。それはブードゥー（呪術）エコノミクスだ」と揶揄していた。ところが、レーガンがブッシュを副大統領候補にしてしまう。メディアはブッシュを、「自分がさんざん呪術だとバカにしていたレーガノミクスをやるのか」と追及しました。結局レーガノミクスは大失敗しました。

パックン　景気は良くなったけどね……。

池上　膨大な財政赤字を作ってしまった。だから安倍首相がアメリカで「バイ・マイ・アベノミクス」って演説したとき、恥ずかしかったなあ。

パックン　でも僕はレーガンの功績を全て否定したくはないんです。この演説でも、前半のタカ派のレトリックや軍備競争というより、ゴルバチョフとの融和が、冷戦を終わらせるきっかけになったのではないかと思うのです。レーガンは「お前ら失敗しているんだから、壁を壊してこっちに来い」と挑発していますが、ゴルバチョフはその前からすでにペレストロイカを始めていた。

　そもそもこの「tear down this wall!」（この壁を壊しなさい！）という挑発的なフレーズは、国務省が入れるなと止めていたのを、レーガンとスピーチライターがゴ

リ押しして入れたものでした。スピーチライター曰く、あのフレーズは知り合いの知り合いのドイツ人の奥さんが夕食を作りながら「あの壁、壊してほしいね」と発した言葉を入れ込んだのだ、と。国民感情を代表する一市民の素朴な一言がヒットしたわけです。

でもアメリカ政府の顧問は「これ以上ソ連を挑発すると、せっかくの融和モードが台無しになってしまう」と制止した。そうした懸念も抱えながら最終的にはスピーチに入れて、名台詞として残ることになったのです。

でも冷戦が終結したのは、アメリカ側も色々と譲歩したからです。ソ連を「悪の帝国（evil empire）」と罵っていたことも撤回し、結果的にゴルバチョフとレーガンがハグをするほど仲良くなった。そうした融和策が功を奏して 1989 年のベルリンの壁崩壊につながったのではないでしょうか。レーガンのタカ派的なところを評価する人が多いですが、僕はレーガンが相手に歩み寄り、ゴルバチョフのほうもそれに答えたことこそが解決への鍵だったと思っています。

池上 「この壁を壊しなさい！」の名台詞の後の部分でレーガンは、「10 年前からソビエトは、ヨーロッパのすべての首都を攻撃できる数百発の新型核ミサイル SS20 という新たな脅威で西側同盟に挑戦してきた」と言っていますが、これが中距離核弾道弾です。

アメリカとユーラシア大陸との距離 5500 キロを超えて飛ばせるのが ICBM 長距離ミサイルで、それより短い飛距離、つまり西ヨーロッパのどこへでも打ち込める中距離ミサイルをソ連は配備していた。SS20 というの

はNATO側が勝手につけた呼称です。ちなみに北朝鮮のミサイル「テポドン」や「ノドン」も、NATOがその発見地の名前から勝手につけた呼び名であって、北朝鮮がそう呼んでいるわけではありません。このSS20もソ連がどう呼んでいたかはわからない。

　ともあれ、ソ連がやるならアメリカもやるぞと言っていたのをレーガンは撤回し、ソ連とアメリカは、1987年12月、この演説の約半年後、中距離核戦力全廃条約を結ぶのです。以来ずっと守られてきた核軍縮条約を2019年に破棄したのが、トランプ大統領です。トランプが破棄したから、プーチンも軍縮義務の履行停止を宣言し、今ロシアは中距離核弾道ミサイルの再開発をしているわけですよ。

パックン　トランプの言い分は、「向こうが、禁止していたミサイルの飛距離をごまかしてズルしているから、破棄した」というものでした。

池上　加えて、ロシアとアメリカが条約を守る一方で、中国が勝手にミサイルを作り始めたという事情もありました。それなら中国とも話し合って条約を締結すればいいのに、「だからこの条約はダメだ」と破棄してしまう。変な話ですよね。

パックン　むしろ条約を拡大して、中国も守らせるほうにエネルギーを注ぐべきでした。残念ながら、破棄したものに代わる新しい条約を提案していません。TPPやイラン核合意でもみた「トランプあるある」ですね。レーガンとゴルバチョフが冷戦の末に苦労して築き上げたこの条約、作るのは大変でしたが、壊すのは簡単です。

▶ 誰もが愛したレーガンのユーモア

パックン　さて、レーガン個人は大変面白い人でしたので、ぜひ皆さんに知っていただきたいです。ユーモアのセンスが抜群です。例えば、暗殺未遂に遭い大変な時にも……。

池上　1981年、ワシントンD.C.で銃撃された事件ですね。まず奥さんに電話し、「（銃弾を）避けるのを忘れていたよ」と自虐的なジョークを言い、手術の直前には執刀医たちに「君たちみんな共和党員だろうね？」とジョークを言い放っている。それに対する医師たちの返しが見事です。「大統領、今日は全員、共和党員です」って。

パックン　アメリカ人は、普段からジョークの筋肉が鍛えられていますからね。ワシントンD.C.という土地柄、医師の中には民主党員もいたはずですが、機転がすばらしい。

　レーガンのユーモアでも特筆すべきは、自虐ネタです。相手が自分の弱みを握っている場合には、それを自ら笑いという武器に変えること。そうすれば相手がそのネタを使えなくなりますから。「俺、気にしてないよ。それよりも強いからね」と言える。

　1984年の大統領選挙当時、レーガンは最年長の大統領候補者だったんです。こんな年寄りに大統領が務まるのかと攻撃されていた。そこで大統領選挙のテレビ討論会で、敵側の民主党モンデール候補からその点を突かれる前に彼はこう言います。「年齢が話題になっているそうですが、私はここで約束します。あなたの歳の若さと経験不足など、年齢を攻撃材料に使いません」と。

池上　逆手にとって、先制攻撃したのですね。モンデールは思わず苦笑いしていたのを覚えています。「レーガン、あんた年寄りすぎてやれないでしょう」と言うはずだったのにね。

パックン　そうです。レーガンはアポファシス（apophasis＝陽否陰述）というテクニックを活用しています。「○○について話さない！」と宣言しながら思いっきり○○について話すという、ずるくて有効な技です。

　あと、彼は閣議中によく寝てしまうことでも有名だったのですが、それさえもジョークに変えている。「国家的緊急事態の際には、必ず起こせと周りに言ってある。どんな大事な会議中でも」と。

池上　うまいなあ。そう言われちゃあ、もう批判できないね。

パックン　また、「私は昼にコーヒーを飲まないようにしているんだ」とも言っている。「午後、眠れなくなるから」。夜じゃないのか、午後は寝ているのか、ってツッコまれますよ（笑）。

池上　だからレーガンは任期後半になるほど国内の人気が高くなりました。すごく愛されていたね。

パックン　トランプもオバマもレーガンのことが大好きでした。両党から好かれる大統領はなかなかいません。

　オバマがなぜレーガンを好きだったのか、それは今の共和党がレーガンの時代より保守主義や自由主義が行き過ぎているからです。オバマは「税率をレーガン時代に戻したい」と言いました。レーガノミクスでは前述の通

り非常識なレベルで減税をしたのですが、その後の共和党はそれ以上に減税し続けています。せめてレーガン時代の水準に戻したい、との意味が込められています。

▶ 東欧の民主化とベルリンの壁崩壊の真実

池上　さて、まとめに入りましょう。レーガンの演説は世界を動かしたのか。前章のケネディとセットで、ベルリンの壁崩壊に貢献したと言えるでしょう。

パックン　それだけでなく、ベルリンの壁崩壊に欠かせないのはゴルバチョフだと思います。最も貢献したとも言える。

池上　直接のきっかけは、東ドイツ統一社会党の新任広報官の言い間違いでした。順を追って解説しましょう。

　ベルリンの壁崩壊の引き金は、ソ連や東ドイツより先に民主化していたハンガリーからでした。それまでのソ連は、民主化運動の起こったチェコスロバキアに戦車で乗り入れ弾圧する（1968年、プラハの春）など民主化を武力で阻止していましたが、1989年1月にゴルバチョフがハンガリーで行った演説で「東欧はそれぞれが自らの道を行けばいい、ソ連は介入しない」と発言しました。これが、東ヨーロッパの国々がソ連から離れ民主化を促す転機となりました。

　このソ連の政策について、当時の外務省広報官ゲンナジー・ゲラシモフは、「マイウェイ」で有名なフランク・シナトラに因んで「シナトラ・ドクトリン（戦略）」と呼びました。

パックン　東欧諸国がそれぞれ「我が道」を行く政策と

いうわけですね。

池上　真っ先に複数政党制を認め、自由選挙を行って民主化したのがハンガリーです。それまでハンガリーとオーストリアの国境には電流の流れる鉄条網があり、ハンガリー国民のオーストリアへの逃亡を防いでいたのですが、ハンガリーのネーメト首相は「これは恥ずかしいことだ」と鉄条網を撤去させた。自由化した以上、もはやオーストリアに逃げる必要がなくなりましたからね。冷戦時の東西を分ける「鉄のカーテン」に穴が開けられた、とも評されました。

　当時、東欧諸国には観光ビザ免除協定がありました。それに気づいた東ドイツの人々が、観光旅行を装ってチェコスロバキアを経由してハンガリーに入り、そこからオーストリアに渡って、オーストリアの西ドイツ大使館に逃げ込むようになります。このやり方は「ヨーロッパピクニック計画」と呼ばれます。

　こうして東ドイツの人たちがどんどん西ドイツへ逃げ始めたことに焦った東ドイツは、チェコスロバキアとの観光ビザ免除協定を破棄します。これに怒った東ドイツの人たちは国内で抗議デモを起こします。困った東ドイツ政府は、それならば海外旅行の申請は許そうじゃないかと、出国ビザ申請を許可する方針を出すことにした。その発表を任されたのが件の東ドイツ統一社会党新任広報官で、その決定を議論した会議に出席しておらず、発表だけをやれと言われたために、よくわからず言い間違えてしまったのです。

パックン　「出国できますよ」と？

池上　そう。「出国ビザを申請できるようになる」という発表だったのに、「今後、東ドイツの人たちは出国できる」と言ってしまった。しかも、「いつから？」と記者たちに聞かれて「今すぐ」と答えてしまって。

パックン　ベルリンの壁には、出国したい人たちがどっと殺到しますね。

池上　その通りになりました。ベルリンの壁の警備兵は当然そんなことは聞いてない。やってきた連中を追い返すか撃ち殺さなければいけないけど、とにかく膨大な数の人が一気に来たから、結局警備兵が門を開けてしまいました。これがベルリンの壁崩壊の実相です。

　この広報官の一件は、「世紀の言い間違い」と語り継がれています。

パックン　その広報官は勲章ものですね。

　でもゴルバチョフのペレストロイカは、ソ連をもう少しオープンに、自由にしようとしただけで、ソ連の崩壊を目指していたわけではありませんよね。

池上　もちろん。彼はやはりソ連を信じていましたから。ソ連の現状を国民が知れば、奮い立って国を改革する方向に進むだろうと考えていた。だから報道の自由も認めたのです。報道を自由にして、ソ連がいかに世界から遅れているかを国民が実感すれば、「これではいけない」と奮起すると思ったのですが、状態があまりにもひどく、国民は逆に意気消沈してしまった。

パックン　このゴルバチョフの失敗を教訓に、報道の自由を取り下げたのがエリツィンとプーチンですね。政権維持のためにはやはり情報を統制すべきだ、と。情報が

開放されると国がどう転ぶかわからないと思い知ってしまった出来事でもありました。

池上 中国もこの顛末（てんまつ）を見ていて、言論の自由は決して認めてはいけない、と思ったでしょう。天安門事件（1989年）も、ゴルバチョフの失敗から学んだ結果でした。

パックン でもロシア視点での「ゴルバチョフの失敗」は、東ドイツのハンガリー、チェコスロバキアの視点では「成功」でしたよね。ゴルバチョフはヨーロッパではいまだに大ヒーローです。ロシアではヒール（悪役）評価ですが。

池上 東欧諸国はゴルバチョフのおかげで自由を獲得したわけですからね。一方、ロシア国内ではとんでもないやつだと評判最悪です。

パックン 歴代大統領のマトリョーシカ人形でも、西洋の観光客向けは別にして、ロシア人向けのものはプーチン、エリツィン、ブレジネフ、フルシチョフ、スターリンと、ゴルバチョフは飛ばされているものが多いそうです。

Chancellor Kohl, Governing Mayor Diepgen, ladies and gentlemen: Twenty four years ago, President John F. Kennedy visited Berlin, speaking to the people of this city and the world at the city hall. Well, since then two other presidents have come, each in his turn, to Berlin. And today I, myself, make my second visit to your city.

We come to Berlin, we American Presidents, because it's our duty to speak, in this place, of freedom. But I must confess, we're drawn here by other things as well: by the feeling of history in this city, more than 500 years older than our own nation; by the beauty of the Grunewald and the Tiergarten; most of all, by your courage and determination. Perhaps the composer, Paul Linke, understood something about American Presidents. <u>You see, like so many Presidents before me, I come here today because wherever I go, whatever I do: "Ich hab noch einen koffer in Berlin."</u> [I still have a suitcase in Berlin.]

Our gathering today is being broadcast throughout Western Europe and North America. I understand that it is being seen and heard as well in the East. To those listening throughout Eastern Europe, I extend my warmest greetings and the good will of the American people. To those listening in East Berlin, a special word: Although I cannot be with you, I address my remarks to you just as surely as to those standing here before me. <u>For I join you, as I join your fellow countrymen in the West, in this firm, this unalterable belief: Es gibt nur ein Berlin.</u> [There is only one Berlin.]

Behind me stands a wall that encircles the free sectors of this city, part of a vast system of barriers that divides the entire continent of Europe. <u>From the Baltic, South, those barriers cut across Germany in a gash of barbed wire, concrete, dog runs, and guardtowers.</u> Farther south, there may be no visible, no obvious wall. But there remain armed guards and checkpoints all the same -- still a restriction on the right to travel, still an instrument to impose upon ordinary men and women the will of a totalitarian state.

Yet it is here in Berlin where the wall emerges most clearly; here, cutting across your city, where the news photo and the television screen have imprinted this brutal division of a continent upon the mind of the world. Standing before the Brandenburg Gate, every man is a German, separated from his fellow men. Every man is a Berliner, forced to look upon a scar.

President Von Weizsacker has said: "The German question is open as long as the Brandenburg Gate is closed." Today I say: <u>As long as this gate is closed, as long as this scar of a wall is permitted to stand, it is not the German question alone that remains open, but the question of freedom for all mankind.</u> Yet I do not come here to lament. For I find in Berlin a message of hope, even in the shadow of this wall, a message of triumph.

······中略······

<u>In the 1950's, Khrushchev predicted: "We will bury you."</u> But in the West today, we see a free world that has achieved a level of prosperity and well-being unprecedented in all human history. In the Communist world, we see failure, technological backwardness, declining standards of health, even want of the most basic kind - too little food. Even today, the Soviet Union still cannot feed itself. After these four decades, then, there stands before the entire world one great and inescapable conclusion: Freedom leads to prosperity. Freedom replaces the ancient hatreds among nations with comity and peace. Freedom is the victor.

And now the Soviets themselves may, in a limited way, be coming to understand the importance of freedom. We hear much from Moscow about a new policy of reform and openness. Some political prisoners have been released. <u>Certain foreign news broadcasts are no longer being jammed. Some economic enterprises have been permitted to operate with greater freedom from state control.</u> Are these the beginnings of profound changes in the Soviet state? Or are they token gestures, intended to raise false hopes in the West, or to strengthen the Soviet system without changing it? We welcome change and openness; for we believe that freedom and security go together, that the advance of human liberty can only strengthen the cause of world peace.

There is one sign the Soviets can make that would be unmistakable, that would advance dramatically the cause of freedom and peace. <u>General Secretary Gorbachev, if you seek peace, if you seek prosperity for the Soviet Union and Eastern Europe, if you seek liberalization: Come here to this gate!</u> Mr. Gorbachev, open this gate! Mr. Gorbachev, <u>tear down this wall!</u>

I understand the fear of war and the pain of division that afflict this continent -- and I pledge to you my country's efforts to help overcome these burdens. To be sure, we in the West must resist Soviet expansion. So, we must maintain defenses of unassailable strength. Yet we seek peace; so we must strive to reduce arms on both sides.

……中略……

While we pursue these arms reductions, I pledge to you that we will maintain the capacity to deter Soviet aggression at any level at which it might occur. And in cooperation with many of our allies, the United States is pursuing the Strategic Defense Initiative-research to base deterrence not on the threat of offensive retaliation, but on defenses that truly defend; on systems, in short, that will not target populations, but shield them. By these means we seek to increase the safety of Europe and all the world. But we must remember a crucial fact: <u>East and West do not mistrust each other because we are armed; we are armed because we mistrust each other.</u> <u>And our differences are not about weapons but about liberty.</u> When President Kennedy spoke at the City Hall those 24 years ago, freedom was encircled, Berlin was under siege. And today, <u>despite all the pressures upon this city, Berlin stands secure in its liberty. And freedom itself is transforming the globe.</u>

……中略……

As I looked out a moment ago from the Reichstag, that embodiment of German unity, I noticed words crudely spray-painted upon the wall, perhaps by a young Berliner, "This wall will fall. Beliefs become reality." Yes, across Europe, this wall will fall. For it cannot withstand faith; it cannot withstand truth. The wall cannot withstand freedom.

……後略……

【演説要旨】

24 年前にケネディ大統領がベルリンを訪れ、ベルリンの皆さんに語

り掛けました。

　米国の大統領がこの地で自由について語ることは義務なのです。

　今日の集会は、西欧、北米はもちろん、東欧全土でも視聴されています。特に東ベルリンで聞いている皆さん。私は皆さんと一緒にいることはできませんが、私の言葉はこの場にいる方々と同じように、皆さんにも向けたものです。「ベルリンは一つです」。この確固たる不変の信念において、私は皆さんと西側諸国の同胞とともにあります。

　私の背後にはベルリンの自由な地域を取り囲む壁があります。この壁はヨーロッパ大陸全体を分断する巨大な障壁システムの一部です。かつてヴァイツゼッカー大統領は、「ブランデンブルク門が閉じられている限り、ドイツの問題は開いたままだ」と述べましたが、今日、私はこう言いましょう。この門が閉じている限り、この壁という傷跡の存在が許される限り、解決をみずに開かれたままなのはドイツの問題だけでなく、全人類の自由にかかわる問題なのだと。しかしながら、この壁の影の中にあろうとも、私はベルリンに希望と勝利のメッセージを見いだしています。

　40年前には瓦礫でしたが、今日の西ベルリンはドイツの他のどの都市よりも素晴らしい産業都市です。困窮から豊かさへ、潤沢な食料、衣料、自動車など。壊滅的状況から、ベルリンの人々は自由の中で、世界有数の都市を再建したのです。

　1950年代にフルシチョフは「我々は君たちを葬るだろう」と予見しました。しかし今日、西側諸国は人類史上で最も繁栄し、幸福な自由世界を達成しました。共産主義世界では、失敗や技術的後進、健康水準の低下がみられ、食料さえ不足しています。自由こそが勝者なのです。そして今、ソビエトも自由の重要性を理解し始めている兆しがあり、モスクワから改革と開放の新たな政策について聞き及んでいます。

　私たちは変化と開放を歓迎します。自由と安全は切り離せないものであり、人類の自由の前進こそが世界平和へ導くものだからです。ゴルバチョフ書記長、もしあなたが平和を求めるのなら、ソ連と東欧の繁栄を求めるのなら、自由化を求めるならば、この門においでください！　ゴルバチョフさん、この門を開けてください！　ゴルバチョフさん、この壁を壊してください！

　私はヨーロッパ大陸を苦しめる戦争の恐怖と分断の痛みを理解し、我が国もその克服に向けて努力することを皆さんにお約束します。西側諸国はソビエトの拡大を許すことはありませんが、平和を求めるために

は、双方の武器を減らす努力をしなければなりません。東側と西側は、武装しているから互いに不信感を抱いているのではなく、互いに不信感を抱いているから武装しているのです。私たちの違いは武器のことではなく、自由に関することなのです。

　さまざまな圧力にもかかわらず、ベルリンは揺るぎない自由の上に立ち、その自由そのものが自由を変えつつあるのです。

　先ほど、ベルリンの若者が書いたと思われる壁の落書きを見つけました。「この壁は崩壊するだろう。信念が現実となる」。そうです。この壁は信念に、真実に、そして自由に耐えることはできないのです。

5　リヒャルト・フォン・ヴァイツゼッカー
「過去に目を閉ざす者は現在にも目をつぶることになる」1985 年 5 月 8 日＠西ドイツ連邦議会

▶ 史上最強の謝罪演説

パックン　これは「史上最強の謝罪演説」と言われる演説です。

リヒャルト・フォン・ヴァイツゼッカー（1920—2015）；ＤＰＡ＝共同

ナチスドイツがしたことに対して謝罪の意を公式に表したリーダーとしては、ヴァイツゼッカー大統領の前に、1970 年のウィリー・ブラント首相がいます。ブラントは 1970 年 12 月 7 日、ポーランドのワルシャワにあるゲットー跡地を訪ね、ユダヤ人犠牲者追悼碑の前で 跪いて献花しました。

今回取り上げるヴァイツゼッカーの演説には前段があります。それは 1985 年 5 月 5 日のビットブルク墓地参拝問題です。アメリカのレーガン大統領と西ドイツのヘルムート・コール首相は、第 2 次大戦終結 40 周年を記念してラインラント・プファルツ州の町ビットブルクのドイツ兵共同墓地を訪れたのですが、これがまずかっ

た。というのも、ビットブルクにはナチス武装親衛隊49名の遺体が埋葬されていたんです。うわあ、やってしまった、となったヴァイツゼッカー大統領は、その3日後の終戦記念日に連邦議会でこの謝罪演説を行うことにしたわけです。ビットブルクの件も含めて、ここで120％謝罪の意を示さないといかんだろう、という雰囲気に国中がなっていましたから。

謝罪の3大要素は、過去の過ちに誠実であること、その責任を認めること、再発防止に取り組むこと、だと言われますが、この演説にはこれら3つがうまく入っている。よく比較される日本の「村山談話」（1995年。後述）の5倍の長さがあり、かなり具体的です。

▶ 過去に対する責任は誰にもある

パックン　原文はドイツ語ですが、僕はその英訳をもとに読んでいきます。この演説の大きな特徴は、多くの文が「we（我々）」で始まっていることです。

例えば「We must find our own standards. We are not assisted in this task if we or others spare our feelings. We need and we have the strength to look truth straight in the eye – without embellishment and without distortion.」この戦争の責任を取り、その後片付けをし、再び向き合う。それらが全部「we（我々）」でスタートする。これが、他の演説との決定的な違いです。

ベルリンに来たケネディもレーガンも「you（あなたたち）」から文章を始めていましたが、ヴァイツゼッカ

ーは最初から最後まで「we（我々）」の主語で通しています。もちろん、アメリカの大統領とドイツの大統領、外と内の立場の違いはありますが、ヴァイツゼッカーのweには特別な重みがあります。

　そしてこれは長い演説だからできることでもありますが、犠牲になった人として、市民、軍人、教会関係者、労働者、労働組合、共産党……、さらにどんな場所、どんな形で犠牲になったのかを、空爆、怪我、強制避妊手術、拷問、飢餓、大切な人の喪失……と羅列している。**兵士だけでなくあらゆる立場の人々がさまざまな形で犠牲を払っていること、戦争には無数の形の苦しみがあることを、自らの罪をリストアップし、羅列することで見せているのです。**ややぎこちなさはありますが、事実をストレートに伝えるという意味では、むしろ磨きすぎないほうが、誠実さが伝わります。

　ナチスの犠牲者としてそれまであまり取り上げられなかった精神障害者、同性愛者、シンティ人、ロマ人についても言及し、歴史の後景で語られがちな女性にも、スポットを当てています。

▶ 加害すべてを網羅する

池上　第2次大戦中にユダヤ人が虐殺されたというのはよく知られているけれど、実は少数民族のロマ人やシンティ人も殺されていました。最近になって、虐殺されたシンティの慰霊碑がベルリンにできましたが。シンティやロマ人、それから同性愛者、精神障害者や身体障害者が次々に処刑され、最後がユダヤ人だったのです。

それにしても、あらゆる国のレジスタンス運動の犠牲者、強制不妊手術の被害者まで言及しているのは、すごいですね。

パックン　そうなんです。戦争によって殺された人だけでなく、「ドイツとは戦えない」と言って自殺を選んだ人など関連加害をすべて網羅しています。言葉のうまさというよりは例の多さで圧倒するスピーチになっています。

池上　これでもかと事例が出てくる。逆に言うと、ドイツはこんなにひどいことをやっていたのかと受け止めることもできるんだけど。

パックン　ドイツでは、反ナチ運動組織の牧師マルティン・ニーメラーの言葉に基づいた有名な詩「彼らが最初共産主義者を攻撃したとき」がありますね。引用します。

「ナチスが共産主義者を連れ去ったとき、私は声をあげなかった。私は共産主義者ではなかったから。

　彼らが社会民主主義者を牢獄に入れたとき、私は声をあげなかった。社会民主主義者ではなかったから。

　彼らが労働組合員らを連れ去ったとき、私は声をあげなかった。労働組合員ではなかったから。

　彼らが私を連れ去ったとき、私のために声をあげる者は誰一人残っていなかった」

池上　一行ごとに迫ってくるものがありますね。怖いし、泣ける。やはりドイツには、ユダヤ人を含む様々な人たちへの責任を痛感しようという意識が強くあると感じます。

ドイツ国内のあちこちの歩道には「つまずきの石」と呼ばれるプレートが埋め込まれています。ホロコーストで連行されたユダヤ人の家があった場所に、その人の名前が刻まれている。本当につまずいてしまいそうなので、「つまずきの石」と言われている。その石を見るたび、過去の責任を忘れないようにしようということだと思います。

パックン　英語でもそうだけど、ドイツ語でも「たまたま発見すること」を「つまずく」と表現することがあります。街を歩いてそんな石を見たら、そこで起きた悲しい歴史をたまたま発見することになりますね。

　ドイツの戦争博物館も立派です。ドレスデンにあるものは、日本でいうと国立博物館級の規模があります。

　ドイツの右派にも、日本の右派と同じように「ヒトラーとその仲間が勝手にやっていたことで、我々は知らなかった、被害者なのだ」というスタンスの人はたくさんいます。ヴァイツゼッカーは、この演説で彼らに対しても「知らなかったとは言わせない」とはっきり断言している。

　でも重要なのは、「あなたは加害者です」とまでは言っていないことです。罪悪感は一人ひとり違う。だから自分で考えなさい。ただし、我々はドイツ人としてはこの罪の遺産を受け継いでいる、それは間違いないのだ、と言っている。この辺りが非常に巧みですよね。

　第2次大戦当時まだ生まれていなかった子どもも、国家による過去の過ちについて責任を取らなくてはならないのかというのはよく議論になるテーマですが、それに

ついても先に反論の存在を述べ、応えている。

「国民全体に有罪も無罪もありません。罪悪感は、集団的なものではなく、個人的なものです」、「人には、発見された罪悪感と隠された罪悪感があります」、「当時を直接に体験したみなさんは、自分自身がどう関わったのか静かに自問自答していただきたい」と。

つまり、「俺、関係ないよ」と言っている人の気持ちも認めているんです。そして関係ないと言うのなら、どういう関わり方をしていたのか、ちょっと考えてくださいよ、と促している。

でも同時に彼は、「知らなかったはずがない」とも言います。ここも他の人の演説と違うところです。

「今日の人々の大多数は、当時子どもであったか、生まれていなかったかのどちらかです。自分が犯してもいない罪を問うわけにはいかないのだから、ドイツ人として生まれただけの人に懺悔を求める権利は誰にもない。しかし、私たちすべてが過去からの結果に対峙しており、過去に対する責任を負っています」と。

「過去に対する責任は誰にでもある」。この主張は巧みですよね。罪はなくても責任はある。ドイツ人として生まれた以上、その責任は受け継いでいるのだという主張です。

演説の最後は「私たちは真実を直視しよう」と締めています。つまり第2次大戦で何があったのか、真実を見ようではないかと。

池上　こんなことがあったと列挙しながら、あなたたちはそれらを黙認していたでしょう、その責任について自

分で考えよう、と。

　日本の場合は終戦直後、1945 年 8 月 15 日の玉音放送の翌々日に東久邇宮稔彦首相が「1 億総懺悔」と発言した。戦争は国民みんなの責任だからみんなで謝りましょう、と。ちょっと待てよ、そうじゃないだろう、と思いますよ。戦争中は「進め 1 億火の玉だ」のスローガンのもと敵と戦わせておいて、負けた途端に「1 億総懺悔」ですからね。日本の当時の人口は 8000 万人程度で、1 億というのも正確ではありませんが。

パックン　ヒトラーにしろ、東條英機にしろ、今のプーチンにしろ、国内での人気は高かったのだと思います。だからと言って彼らの犯した罪が、そのまま国民全員の罪ということではない。

　ちなみにこの演説の冒頭には、日本の方にも真似できる修辞学的レトリックがあります。「○○だけでなく△△でもある」という、対照的な事例の羅列です。

　置かれた立場は違えど、我々ドイツ人にとって 5 月 8 日は祝うべき日ではなく、思い出す日である。この日に帰宅できた人もいれば、帰る家を失った人もいる。解放された人もいれば、拘束された人もいる。空爆の恐怖が去ったと感謝する人もいれば、自国の敗戦に打ちひしがれる人もいる。希望が打ち砕かれたと悲観する人もいれば、再スタートに感謝する人もいる。

　対照を並べて、それぞれの状況をよりくっきり見せるアンチテーゼのテクニックを活かしながら、様々な事例を列挙することで、まずはそれぞれの思いを認め、私はみんなの代表なのだと伝えています。

▶ 謝罪するなら徹底的に

池上　日本では 1995 年 8 月 15 日、当時の村山富市首相によって出された「村山談話」がアジアの国々への植民地支配と侵略を謝罪したものとして知られていますが、村山は「アジア諸国の人々」と、広い範囲に対してつらい思いをさせた、と一括してしまった。戦後の日本としては相当に踏み込んだ謝罪ではあったけれど、結局、どんな人々にどんな苦痛があったのかを具体的には言わなかったのです。

パックン　村山談話は立派だったと思います。しかし、おっしゃる通り、具体性に欠けています。そして、ドイツとの違いを言うとしたら、「つまずきの石」のような、残して目にするような形としての懺悔の象徴が日本の街で見当たらないところでしょうね。

池上　その通りです。ドイツの場合は、強制収容所がドイツ国内にもあるけれど、日本の加害証拠はすべて中国大陸をはじめ海外にありますからね。広島や長崎の原爆投下や東京大空襲といった被害の証拠は国内にたくさんありますが、加害の証拠が国内にはないため、ふだん目にすることがない。そこが大きく違うのだと思います。

パックン　ドイツはポーランドやチェコでの加害行為をも、国内の戦争博物館でしっかり収集・展示していますね。

池上　しかも、国内の強制収容所に、ドイツの高校生は社会科見学で必ず訪れるそうです。自分の国が第 2 次世界大戦で何をしたのかについて、約 1 カ月かけて学習するそうです。

パックン　学生の遠足が、自国の加害行為を思い出させる旅になっているのですね。さらにそこは外国人が訪れる観光スポットにもなっています。ドイツが、国内外で犯した自らの過去をしっかり理解してもらうための施設運営に公金をかけている、という事実は、ヴァイツゼッカー演説の非常に重要な裏付けとなっていますね。

池上　まさにその通りです。その一方で、イギリス軍の空襲を受けて壊れたベルリンのカイザー・ヴィルヘルム記念教会や、焼夷弾によって真っ黒になったドレスデンの街もそのまま残しています。加害だけでなく被害の跡もしっかり残しているのです。

パックン　広島の原爆ドームのように。

池上　さらにドイツでは、学校で挙手をする際、右手を斜めに挙げてはいけないそうです。ナチス式敬礼「ハイルヒトラー」になってしまうので。代わりに、右手の人差し指を立てて上げます。街でタクシーを止めるときも、斜め上に腕を上げてはいけません。腕は真横に出すんです。徹底しているでしょう。サミットでの集合写真でも、各国首脳が右手を挙げている中、ドイツの首相は絶対にしていませんよ。数年前、中国の団体観光客がドイツ連邦議会の前で、ふざけて右手を挙げて記念撮影していたら、警察に逮捕されたくらいですから。

　同様に、自動車のナンバープレートは希望した記号や番号が付けられるのですが、ヒトラーの親衛隊（シュッツシュタッフェル）を表すSSだけは決して付けられないことになっています。

パックン　もちろんドイツにも、終戦当初は「壊滅状態

の国内の被害状況にまずは目を配れ」と反発する人はたくさんいました。でもこの演説が行われた終戦40周年のあたりから、加害者意識を持つことを徹底するようになったのだと思います。

　ちなみにこの演説のテーマ「思い出せ」も、ユダヤ教の慣用句を使っています。思い出すことが贖罪（済度、和解／redemption）の秘訣であるというユダヤ教の言葉を使って、ユダヤ教徒への加害行為を思い出させる。これすごいですよね。ユダヤ教徒と仲良くなるためには過去を思い出す必要がある、としっかり主張した上で過去を見つめる。それがこの演説のメインテーマです。40分もの時間をかけて何があったのかを詳らかにしているのです。

　ヒトラーを甘く見ていた欧米の責任やヒトラーと同盟を組んだスターリンの責任、さらに独ソ不可侵条約のせいでポーランドが侵略されてしまったことにも触れている。

池上　だからと言って、ドイツの責任が軽減されるわけではないと、ちゃんとフォローもしている。

パックン　そうなんです。これは謝罪の仕方として非常に重要な点です。夫婦喧嘩でも兄弟喧嘩でも、「だってお前だって」と言いがちですが、謝罪に「だって」は御法度です。

池上　言い訳をしてはいけない。

パックン　そう。経緯は説明しても、責任逃れはしない。さらにこの演説は、戦後40年、ドイツの再建・復興を手伝ってくれた人々や犠牲を払ってくれた人々の気

持ちもちゃんと認めている。飾らない言葉で何があったかをストレートに伝え、これからやることを伝えている。こんなに胸に響く演説って、なかなかないですよ。最高の謝罪であり、関係改善へのスタートを切るのにふさわしい演説だと思います。

池上　いつだったか、西ベルリンに行って驚いたことがありました。ベルリン解放のために亡くなったソ連兵の慰霊碑があったんです。東西冷戦時代、まだベルリンの壁があったにもかかわらず、ベルリン解放の日にはソ連軍の将校たちが西ベルリンを訪れ、慰霊祭をやっていたそうです。東ベルリンでやるならまだわかりますが、西ベルリンですからね。びっくりしました。

パックン　この演説は第4章で紹介したレーガンの演説より前に行われたものですが、ヴァイツゼッカーもまた東西ベルリンを意識し、「我々は1つの民族、1つの国であって、同じ過去と同じ未来を共有している」ということを述べています。レーガンほどではないにせよ、ベルリンの壁がなくなる日をはっきりと思い描いています。

池上　本当にあちこちに目配りしていて感心します。ワルシャワ・ゲットーの犠牲者の親族の殺害にまで言及しています。

▶「知る責任」を問う
パックン　「和解のために真実を知る」、正義に忠実になろう。過去を直視することなくして和解は成し遂げられないのだ、そのメッセージを何度も繰り返しているし、

そのために事例を逐一羅列した。そういう演説なんです、これは。

池上 「旧約聖書」の「士師記」には援助を経験した記憶は40年間しか続かないことがよくあると記されている、と引用されていますね。戦後40周年の演説で、この引用を持ってくる。うまいなあ。

パックン 40は、ユダヤ教では大事な「期間」を指すのによく使われる数字です。有名な「ノアの箱舟」でも、大雨と洪水は40日間続きます。モーゼやイエスは40日間断食した。ユダヤ民はエジプトから逃げたあと、40年間彷徨った。などなど、聖書の中に150回ぐらい登場する神秘的な数字です。深読みかもしれませんが、40周年に40分間の演説ということにも何か意味を感じますね。

池上 日本でも、「戦時中のことについて、戦後生まれの我々には責任がない」という言い方がされることがありますね。確かに直接手を下したわけではないのだから、その意味での責任はないかもしれません。でも私は、その時代に何があったかを「知る責任」はあると思うのです。

　ヴァイツゼッカーが言っているのも、そういうことですよね。歴史に責任を持つというのは、過去に何があったかを知ること、記憶を守ることなのだと。

パックン アメリカでは、奴隷制度の被害者に対して賠償金で償うべきかの議論がずっと続いています。奴隷制度はとうの昔に廃止されていて、今生きている人は加害者でも被害者でもないのに、なぜお金を払わなければい

けないのだ、という反対意見は当然ながらあります。子孫が責任を感じてもしょうがないんじゃないか、と。でもヴァイツゼッカーの言葉を読んでいると、過去の加害者の子孫は現在の責任者として行動すべきではないかという気がしてきます。

　最近読んだ Jennifer Lind の『*Sorry States: Apologies in International Politics*』（Cornell University Press）には、政治的責任者が国の過ちをうまく謝るのは難しい、と書かれていました。国内の保守派が反発して、結果的によりまずい行動に出る可能性があるからです。謝ろうとすると反発を呼び、さらに謝らなきゃいけないような案件が増える。

池上　確かに。

パックン　それなら謝罪にこだわるよりも、貿易や文化交流を通してポジティブな2国間関係を築くほうがいいのではないかという結論でした。そう聞くと、ヴァイツゼッカーのこの演説のうまさがより際立ってきます。100点満点の謝罪と言える。これを世界の国家元首がそのまま真似できるかといえば、そうではないと思いますが、知っておいて損のない演説です。

▶ドイツを野蛮国からヨーロッパのリーダーへと転換させた

パックン　このヴァイツゼッカーの演説は、どう歴史を動かしたと思われますか？

池上　ドイツのヨーロッパにおける信用を高めたということが大きいと思いますね。

パックン　社会復帰ですね。

池上　そう。こういう姿勢のドイツなら、一緒にやって
もいい、とヨーロッパ諸国が納得した。だからこそ EU
の団結も強まった。今では EU 軍もできています。

パックン　経済的な機関だった EU が軍事的機関に化け
たのですからね。EU はもともとユナイテッド・ステー
ツ・オブ・アメリカ（United States of America）の
ように、ユナイテッド・ステーツ・オブ・ヨーロッパ
（United States of Europe）、ヨーロッパ各国の経済
力、政治力、外交力、軍事力をまとめれば、アメリカを
上回るスーパーパワーができるという発想から生まれた
ので、軍隊ができるのも自然な流れなのかもしれません
が。

　ともあれ、この演説によって過去をきちんと認識し、
反省していることが伝わったから、ヨーロッパはドイツ
を受け入れられたのだと思います。

　1985 年当時、アメリカなど元連合国の目にはまだ、
ドイツといえばヒトラー、敵国のイメージが強かった。
日本もカミカゼのイメージのままでした。そのイメージ
をこの演説は変え、ドイツがヨーロッパのリーダーの座
を取り戻すのに一役買ったということですね。**ドイツに
とっては諸外国との関係改善、国際社会への復帰、そし
てヨーロッパにとっては新時代へのターニングポイント
になったと思います。**

池上　今、EU の通貨であるユーロが信頼されているの
も、通貨として強かったドイツのマルクがベースになっ
ているからです。

パックン　同時にドイツとしては強かったマルクを放棄

し、安いユーロにしたことで、輸出産業に有利に働いたとも言えますね。

池上　その通りです。ドイツの経済は強いので、マルクのままであればどうしたってマルク高になり、輸出には不利です。でもユーロにすれば為替レートが下がるので、輸出が伸びる。

パックン　それにしても、ドイツがこれだけ謝罪したのに、ほかの国はどうなんだ、という点が気になります。近年ではイタリアがかつての植民地リビアに謝罪して莫大な賠償金を支払いました（2008年）。これには驚きました。ヴァイツゼッカーの演説によって、ドイツが過去の過ちを全面的に謝罪したことが知れ渡ると、ヨーロッパ各国でも、過去の罪を謝るべきなのではないかという動きが起きました。

　イタリアのリビアへの謝罪で最もビビっているのは、イギリスでしょう。とんでもない数の植民地を持っていましたから。

池上　フランスは、アフリカの国々から持ち出してきた文化財を返還するとも言い出していますよ。

パックン　それを言ったら、大英博物館は大変です。全部返還したら、飾れるのはビートルズの記念品ぐらい。空っぽになってしまいます。

池上　謝罪といえば、ソ連のゴルバチョフも、ソ連崩壊直前に「カティンの森事件」について認め謝罪しましたよね（1990年）。第2次世界大戦中、ソ連はポーランドに侵攻、国土の半分を支配しました。もう半分を支配したのはドイツです。ソ連はポーランド軍の将校ら約2万

2000 人を、ソ連領内のカティンの森で 1940 年頃に虐殺し、土に埋めていたのですが、それらの遺体を、その後ソ連に侵攻してきたドイツ軍が発見、発表しました。それをソ連は「ドイツ軍がやったことだ」と言い張った。これが「カティンの森事件」です。

パックン　ひどい事件です。ちなみに、ポーランドの領土をドイツとソ連とで半分ずつにするというのが、独ソ不可侵条約の条件でした。ロシアは今と同じでとにかく領土がほしいのです。

池上　ソ連はずっと、「カティンの森はドイツの自作自演だ」と言い張っていたのですが、ゴルバチョフ書記長が初めて「あれはソ連がやったことだ」と認め、ポーランドに謝罪した。これは画期的なことでした。

パックン　ゴルバチョフの謝罪は、ヴァイツゼッカーの演説から 5 年後ですよね。

　今ドイツがヨーロッパのリーダー格になったのは、この演説のおかげと言っても過言ではないと思います。**イギリスが離脱した今、EU に残るリーダー国はフランスとドイツのみ。この 2 国が仲良くできるのも、この演説のおかげなのです。そして世界各国にとっても、過去の過ちへの謝罪の仕方を考える大きなきっかけになったと言えそうです。**

池上　数年前に日本語を学ぶ世界の若者を招いたシンポジウムがあり、司会者として参加したのですが、ポーランドの若者がドイツによる侵略について語った発言が印象的でした。「ポーランドは今、ドイツのことは許そう、しかし忘れない、という方針です」と。ドイツの謝

罪は受け入れるけれど、加害の歴史は決して忘れないのだと。「忘れない」というのはまさにヴァイツゼッカーのメッセージです。1985年のこの演説は、そうした意味でも今に生きていると思います。

【演説要旨】

　1945年5月8日はヨーロッパにおいて決定的に歴史的意義のある日です。

　私たちドイツ人は、飾らず、歪めず、真正面から真実を見つめる力を必要とし、また持っているのです。

　今日、私たちは戦争と暴虐のために亡くなったすべての人々を追悼します。ドイツの強制収容所で殺害された600万人のユダヤ人、命を落としたソビエト連邦とポーランドの数え切れない国民、戦地や本土の空襲などで亡くなったドイツ人の同胞、シンティやロマ人、同性愛者、精神障害者、そして宗教や政治的信条のために死ななければならなかった人たち、処刑された人質、私たちが占領したすべての国のレジスタンス運動の犠牲者、ドイツでの市民的、軍事的また信仰に基づくレジスタンス、労働組合のレジスタンス、共産主義のレジスタンスの犠牲者、また良心に背く代わりに死を選んだ人々。

　ヒトラーによるユダヤ人を人種として絶滅することは、歴史上例を見ないものであり、この犯罪の実行は、少数の人々の手に委ねられていました。しかし、同じ市民であるユダヤ人が、冷淡な無関心をはじめ隠された非寛容な態度、あからさまな憎悪に至るまでいかに苦しまなければならなかったか、どのドイツ人も知ることができました。あの時代を直接体験したすべての人に、今日、自分自身がどう関わったのか静かに自問自答していただきたいと思います。

　今日の人々の大多数は、当時子どもであったか、生まれていなかったかのどちらかです。しかし、先人は彼らに重い遺産を残しました。罪があろうがなかろうが、老いも若きも、私たちはみな過去を引き受けなければなりません。私たちすべてが過去からの結果に対峙しており、過去に対する責任を負っています。若い世代も古い世代も、なぜ記憶を保存することが人生最大の重要事項なのか理解するため、互いに助け合わなければなりませんし、助け合えるでしょう。過去を修正したり、元に戻したりすることはできません。しかし、過去に目を閉ざす者は、現在にも目をつぶることになります。

　ヒトラーは、ヨーロッパを支配しようと望み、戦争によってそれを実現しようとしました。第2次世界大戦の勃発は、今もドイツという国名と結びついています。

　私たちは、5月8日を記念するとき、かつての敵が私たちとの和解の道を歩み出すために、多大な努力を必要としたことを忘れてはなりませ

ん。

　再出発のチャンスはありました。私たちは、この機会を最大限に利用しました。私たちは、抑圧の代わりに民主的自由を置きました。

　ドイツ連邦共和国は、国際的に尊敬される国家になりました。ドイツは、世界で最も高度に発達した工業国の1つになり、その経済力によって、世界の飢餓と貧困への闘い、および国家間の社会的均衡に貢献する責任を共有していることを自覚しています。自分たちの歴史の記憶を、現在の行動や未来に待ち受ける未解決の課題への指針にするのであれば、この40年間の私たちの発展を感謝の念をもって振り返ることができるでしょう。

　私たちは、1945年5月8日を、私たちの国民の共通の運命として経験し、それが私たちドイツ人を1つの民族、1つの国家として結びつけています。ドイツ国民は、自国民を含むすべての民族のために、正義と人権を包含する平和を願い、団結しています。国境を越えた和解ができるのは、壁のあるヨーロッパではなく、国境をなくした大陸においてです。

　戦後40年。旧約聖書では、しばしば40年が重要な意味を有しています。イスラエルの民が砂漠に留まり、その後約束の地に到達した40年間。士師記には、助けや救いを経験した記憶が40年間しか続かないことが記されています。

　私たちは、若い人たちに、なぜ記憶を守ることが大切なのかを理解させなくてはなりません。

　ヒトラーが常に行っていたのは、偏見や敵意、憎しみをあおることでした。今、若い人たちに求められているのは、他者への敵意や憎しみにとらわれないようにすることです。

　この5月8日に、私たちはできる限り真実を直視しよう。

6　ジャワハルラール・ネルー
「世界で何が起ころうとも、どちらにも属さない」
1955年4月18日@バンドン、アジア・アフリカ会議

▶ インドのネルーの名演説

パックン　1955年、インドネシアのバンドンにおける
アジア・アフリカ会議での、ネルー首相（インド）のス
ピーチです。バンドン会議とも呼ばれるこの会議は、ア
ジア・アフリカ諸国の団結を目指し、植民地主義反対、
経済建設の推進、生活水準の向上、世界平和のための協
力などを約束したことを世界に示した重要な会議です。
合計29カ国が参加し、日本も加わっています。

　とはいえ演説としては、あまり練られていない感じが
して、内容に修辞学的なエッセンスはあるが、巧みな言
葉遣いなどとしては学ぶべきところがほとんどありませ
ん。ネルーの名演説といえば、1947年8月14日、イン
ド独立の前夜に国会の前で行った「運命との約束
（Tryst with Destiny）」のほうが圧倒的に美しく、すば
らしいです。そちらから少しご紹介しましょう。

　At the stroke of the midnight hour, when the
world sleeps, India will awake to life and freedom.
（世界が未だ眠りの中にある今夜、12時の鐘もろとも
に、インドは息を吹き返し、自由に目覚める。）

　眠ると起きるというアンチテーゼを含む、きわめて美
しい出だしです。

And so we have to labour and to work, and work hard, to give reality to our dreams. (そして、夢に現実を与えるために、働き、努力しなくてはならない。)

「give reality to our dreams」、夢を現実にするのではなく「夢に現実を与える」という言い方がいいですね。

ジャワハルラール・ネルー（1889—1964）；World History Archive／ニューズコム／共同

Those dreams are for India, but they are also for the world, for all the nations and peoples are too closely knit together today for any one of them to imagine that it can live apart. (それらはインドの夢でもあり、世界にとっての夢でもある。すでに世界の人々が近しく仲睦まじく交わっている今日、我々が離れて暮らすことは考えられない。)

We have to build the noble mansion of free India where all her children may dwell. (これからのインド人が気持ちよく暮らせるよう、自由なインドの豪邸を築かなくてはいけない。)

　使う比喩の1つ1つがすばらしいので、ネルーの言葉を学びたいのなら「運命との約束」をお勧めしたいです。

池上　「運命との約束」はインドの独立前夜、あと数時

間で祖国が独立し、自らがその初代首相になるというときの演説ですから、言葉も選び抜かれていますよね。

パックン　インドの歴史を変えた演説として、もう1つ有名なのが、1942年、マハトマ・ガンジーの「インドを立ち去れ（Quit India）」運動におけるスピーチです。言葉遣いも非常に美しいこの演説によって独立運動が高まり、その5年後にインドは独立を勝ち取ることになる。ガンジーとネルーの演説は、現代のインドという国を語るときにとても重要なのです。

▶第3世界の非同盟宣言は「グローバルサウス」へ

パックン　一方で、この1955年のネルーの演説は国際社会に今なお続く影響を残した演説と言えます。西欧とは違う、第3世界の国々に対し、「第3世界は第3世界のままで行こうじゃないか」と非同盟宣言をした演説だからです。現在のインドの外交や軍事的スタンスには、このときのネルーの宣言が色濃く残っています。

池上　残っていますね。2022年2月に始まったロシアのウクライナへの軍事侵攻に際しても、国連総会でロシアを非難する決議に、インドは棄権しています（同年3月）。ロシアを非難しない、いわば、どちらの味方もしませんよ、という立ち位置です。

パックン　この演説が行われた1955年当時、西洋が第1世界、ソ連が第2世界で、それ以外が第3世界というのが一般的な認識でした。このあと第7章で紹介する中国の鄧小平は、アメリカとソ連が第1世界、その仲間の国々が第2世界、そしてそれら第1・第2世界にあなど

られている発展途上国が第3世界という捉え方をしているのですが、そのスタンスもまた現在の中国の一帯一路政策の基礎となっています。同じ共産主義国といえども、中国はソ連の側についたりはしない。それ以外の第3世界のリーダーになるのだ、と。

バンドン会議ではホスト国であるインドネシアのスカルノ大統領（当時）が「アフリカ、アジアの有色人種の皆さん」という表現をしたのも象徴的でした。つまり「我々は白人の欧米人とはあらゆる点で違う」という意思表明です。経済状況も違えば、依然植民地として支配されている国も多い。そうした国々が非同盟宣言をし、お互いを尊重し合いましょうというのがこの会議で生まれた思想であり、70年経った今もなお国際社会に影響を与え続けています。

参加国がこの会議で確認したことは、お互いの主権を尊重することを大前提にしよう。お互いの領土や内政には干渉しない、そして暴力行為は放棄する。人種も違えば国家の規模も違うけれど、どの国も平等であり、相互の利益を促進し、人権を尊重し、国連憲章の原則を遵守すること。バンドン会議ではそうした観点から、最終的に10項目の共同声明がまとめられることになります。平和十原則と言われています。大国に与することはせず、お互いに今のままで支え合いましょう、と宣言したのです。

この共同声明が軸となって、冷戦時代の非同盟運動につながっていったと言えるし、**これらの国には、「どちらにもつかない」という外交の大前提が今も残ってい**

す。そこが今の国際政治を考える上で「グローバルサウス」として無視できない点にもなっています。

　このネルーの演説のわかりやすいメッセージをいくつかご紹介しましょう。

We do not agree with the communist teachings, we do not agree with the anti-communist teachings, because they are both based on wrong principles... We will defend ourselves with whatever arms and strength we have, and if we have no arms we will defend ourselves without arms.（われわれは共産主義の教えにも、反共産主義の教えにも同意できない。どちらも間違った原則に基づいているからだ。われわれはあるだけの武器と力を使って自国を守り、武器がなければ、武器なしで自己防衛するのだ。）

　その後は、いわゆる安全保障のジレンマをわかりやすく説明しています。片方が軍備を増強すれば、もう一方も軍備を増やそう、となる。そうして結局、負のスパイラルのようにぐるぐると武器を増やし続けることになってしまう。暴力行為を放棄し、軍事的に干渉し合わないという非同盟運動は、この安全保障ジレンマからの脱出策でもあるのだ、と。

　結果的には、その後インドとパキスタンが軍備競争に陥り、挙句の果てにお互いに核を保有するところまで行ってしまうのですが、バンドン会議の時点では、内政不干渉、不可侵という理想を近隣諸国との共同声明として出していたのです。安全保障ジレンマに費やすお金を自国の経済発展のために使おうよ、と。この考え方自体は

すばらしいと思います。

池上　私の中高生時代、1960年代になりますが、バンドン会議は授業で必ず大きく取り上げられていました。東西冷戦のどちらにもつかない、まったく新しいアジア・アフリカの関係が構築されるというのは素敵だなと思ったものです。

パックン　僕も同感です。でも今読むと、もどかしさも感じます。例えばウクライナ戦争については、ロシアが悪いのは明らかです。ここまで善悪が明白な場合にも、非同盟のままでいいのか。中立ってずるくないですか、と思ってしまう。永世中立国のスイスでさえ、今回はウクライナ側についています。

池上　そうですね。スイスでさえついにウクライナを支持しました。2022年7月には、ウクライナの復興をめぐる国際会議がスイスで開かれました。その一方でインドは今、ロシアの足元を見て、ロシアから石油を安く買っています。

パックン　ヨーロッパだってロシアの石油を買い続けているんだから、国民1人当たりのGDPがヨーロッパよりずっと低いインドがロシアの安い石油を買うのは当然だろうという言い分は、わからなくもないのですが。

▶ 元植民地としての大国への怒り

パックン　ネルーはこの演説で、こう言っています。われわれ第3世界の国全部が力を合わせても、アメリカやソ連のような大国が戦争をしようと思えば、止めることはできないだろう。でも、もし天秤の針が拮抗している

ような場合には、われわれも影響力を持つはずだ。戦争のほうに加担するのか、それとも平和のほうに貢献するのか。ソ連やアメリカを責めるのではなく、われわれは平和を目指すのだ、と。

　やや稚拙な感じもしますが、深読みをすれば重みのある主張です。そこには元植民地としての視点があるからです。イギリスは 1947 年にインドから撤退しましたが、1961 年までポルトガルの植民地は宣教運動のスタート地点ゴアを中心にかなり残っていました。それも 400 年以上も前から続いていた。当時カースト制度から解放してくれるキリスト教は、低いカーストに位置づけられていた人々にとっては救いの教えだったのです。

池上　インドにおいてイスラム教が広まったのも、同じ理由です。カースト制度から抜け出すためだった。

パックン　そういう経緯もあって、ポルトガルがゴアを何百年もの間支配することになった。ネルーはこの演説で、帝国主義諸国に対して怒っています。インドを手放したイギリスは 1955 年当時、まだ 50 ほどの植民地を支配していました。

池上　その後独立した国々は、「イギリス連邦」になったんですよね。このうちイギリスの国王を自国の君主とする国は「イギリス連邦王国」で、どちらも元イギリスの植民地です。後者ではオーストラリアとニュージーランドが最もわかりやすい例ですね。

パックン　その他、マラウイ、マラヤ（マレーシア）、モルディブ、マルタ、モーリシャス、ミャンマー、ナイジェリア、オマーン、パキスタン、カタール、セントル

シア、ソロモン諸島、ソマリランド、イエメン、スリランカ、スーダン、バハマ、ガンビア、ウガンダ、カリブ海の国々のほとんど、ザンビア、ジンバブエ……すごい数の植民地がまだ 1955 年当時に残っていたわけです。だからこそこのネルーの怒りの演説が力を持った。

今の世界情勢を見ると、善悪がはっきりしている場合には非同盟宣言を少し緩めてもいいのではないかと思ってしまいますが、当時の元植民地からすれば、帝国主義時代から続くような体制を守っていた NATO は悪でもある。ネルーは、会議の参加国の多くが「そうだ、そうだ」とうなずきたくなるポイントをうまく押さえている。英語で punch up（より上の存在に殴りかかる）と言いますが、体制に歯向かう勇気を見せると、聴衆は興奮する。これはどんな演説でも言えることです。

▶ 戦争への痛切な忌避感

パックン　また、当時の安全保障政策の基軸であった「相互確証破壊（Mutual Assured Destruction）」にも触れています。核が存在する現在、世界の中でどの国がより強いかは明言できなくなった。いずれもお互いを壊滅状態にすることが可能であり、どの国が核戦争をしても、世界中が苦しむことになる。決して勝利は存在しない、と。

核兵器が生まれて間もない頃のことです。初めて戦争で使用された 1945 年のヒロシマ・ナガサキからわずか 10 年。今の僕らよりも、核兵器への恐怖はずっと強く感じていたはずです。どこか一国が侵略を犯せば、すぐ

に世界戦争になるとも言っている。この予測は、ちょっと外れていますけれども。朝鮮戦争（1950年〜。1953年から休戦）もベトナム戦争（1955〜75年）も世界戦争には転じなかったし、アフガニスタン（1978〜89年、アフガニスタン紛争、79年にソ連が介入。2001〜21年、アフガニスタン戦争）やイラク（2003〜11年、イラク戦争）でも、ソ連やアメリカは核を使ってはいませんから。

池上　でも1955年当時は、そういう危機意識があったということです。対立する東西の双方の陣営が核兵器を持ち、核戦争になったら世界はどうなるのか、と。

パックン　その通りです。どうにかして戦争を避けたいという痛切な思いがありました。だからネルーは、非同盟や人権保護を呼びかけるビルマ（現在のミャンマー）の首相の提案を最後にもう一度取り上げています。この演説は、非同盟運動のきっかけとなり、以来、国際社会の外交に影響を与え続けています。

　ちなみにネルーは、アメリカやソ連を責めても仕方がない、と匂わせつつ、我々は何があっても大国に巻き込まれないようにしなくてはならない、我々がかれらに取り込まれてしまったら、必ず戦争になるとも言っている。さらに、ここに集まっている高潔な国々は、道徳の力（moral force）を重視している、とも強調しています。ロシアやアメリカやその他の国々がどんなに軍事力を誇り、核を保有しても、我々には道徳の力があり、その意義は大きいと主張している。ただし、この点には疑問を抱かざるを得ないことも指摘しておきます。この非

同盟運動の参加国には、独裁国が結構ありますから。

▶ 内政不干渉のジレンマ

パックン　この会議で行われた相互不可侵の合意は、国同士の戦争を避ける効果はあったかもしれませんが、結局、参加国の体制を維持させ、国内で起きていた人権侵害や非道徳の状況を糾す<ruby>糾<rt>ただ</rt></ruby>すことを妨げてしまったと思います。他国の内政に不可侵ということは、隣国が自国内の少数民族を虐げ<ruby>虐<rt>しいた</rt></ruby>げていた場合にも、それをやめるよう圧力をかけることさえできないということですから。

池上　内政不干渉ですね。最近の中国がよく口にしています。中国はアフリカの独裁国家を支援しているけれど、それは支援しているだけで内政に干渉しているのではない、と。

パックン　そう。非常に都合のいい言葉ですよ。

池上　確かに、自国の体制を維持する方向に働いてしまったということはあるでしょうね。この演説は朝鮮戦争の休戦中に行われましたが、朝鮮戦争ではマッカーサーが、中国に打撃を与えるために核兵器を使うべきだと提案して、首になっているんですよね。

パックン　それ、日本ではあまり知られていませんが、アメリカでは有名なエピソードです。マッカーサーはすごい将軍でしたが、一歩間違うと怖い人というイメージがアメリカでは強い。

池上　当時のアメリカ大統領アイゼンハワーは、マッカーサーと陸軍士官学校の同窓で、マッカーサーのほうが成績優秀だったんですよね。だからマッカーサーは「俺

より出来の悪い奴が大統領になりやがって」とアイゼン
ハワーを見下していたのでしょう。朝鮮戦争では「中国
と北朝鮮との国境沿いに原爆を落とすか、放射能を撒き
散らして中国軍の侵入を防ごう」と提案しました。する
とアイゼンハワーは「そんなことをすれば第3次世界大
戦になってしまう」と怒り、マッカーサーを首にしたの
です。

　これには当時の日本人は皆びっくりしました。マッカ
ーサーのような殿上人、天皇より偉い人が首になるの
か、と。マッカーサーは日本では絶大な人気があり、占
領を終えて出ていくときには、羽田空港に十万人を超え
る人々が見送りに行ったくらいでしたから。

パックン　そんなに人気者だったとは、僕は日本に来る
までまったく知りませんでした。だって占領軍の司令官
ですよ、なぜ人気者になれるんだろうって。日本人は、
それこそネルーが怒っている、他国の支配体制の下で苦
しんだはずなのに。

池上　それは戦争末期、日本はアメリカに負けたら、男
は全員奴隷になり、女は全員売春婦にさせられるという
デマが蔓延していたからです。だから捕虜になって辱め
を受けるくらいならその前に死のうと、沖縄で集団自決
が起きたわけです。

パックン　それが実際に負けてみたら、チョコレートや
ガム、パンをくれるじゃん、と。

池上　えー、アメリカ軍って、戦中に聞いていたのと違
うんだ、と劇的に印象が変わった。

パックン　そうだったのですね。僕は常々、日本国憲法

は世界一いい憲法だと思っているのですが、その憲法はアメリカとともに作り上げたわけだし、GHQの良いレガシーはあると思います。しかし敗戦国が侵略軍（占領軍）のトップをそこまで尊敬するというのは、普通はあり得ません。

池上　珍しいですよね。かつて半藤一利さんにこんな話を聞きました。戦時中、アメリカに負けたら男はみんな奴隷にされてアメリカに連れて行かれると聞かされ、半藤さんも真に受けていたそうです。しかしお父さんが冷静な人で、「バカ野郎、日本の男全員を奴隷にするには、どれだけの船が必要だと思う？」と言われて、目が覚めたと。

パックン　うまい。とにかく、このネルーの演説当時、朝鮮戦争におけるマッカーサーの振る舞いは人々の記憶に新しかったのだと思います。休戦にはなったものの、またいつ戦いが勃発するかわからない状態でした。

　ネルーの読みで正しかったと思うのは、「世界が2つの大きなブロックに分かれたとしたら、何が起こると思う？　戦争が起きるのは避けられないだろう」という箇所です。結果論にせよ、ネルーの指摘した通りに今なっていますよね。

池上　そうですね。

パックン　中国とロシアとインドが、アメリカとヨーロッパと睨み合ったとしたら、そしてアジアやアフリカの国々がどちらかについたとしたら、衝突が起きるのは当然でしょう。**非同盟運動の参加国たちが、「我々はどちらにもつかないよ」と宣言することによって、アメリカ**

とソ連への牽制となり、彼らの衝突を抑止したのかもしれません。そう考えれば、非常に画期的な、世界を動かした演説と言えるのではないでしょうか。

池上　インドは2023年5月の広島G7サミット招待国として招かれながらも、「どちらにもつかない」という立場が現在のモディ政権においても堅持されていて、グローバルサウスの一翼として注目されていますね。

【演説要旨】

　責任あるリーダーとして何をすべきで、何をすべきでないか。今の世界に存在する主要なブロックを代表する優れた発言がありましたが、他方のブロックの側にも同様に優れた意見があることでしょう。私はどちらにも属さないし、世界で何が起ころうとも、どちらにも属さないことを提案します。何が起ころうと、私たちは単独で立ち向かいます。

　どの国も過ちを犯します。そして大国の犯す過ちは、世界に破局をもたらすかもしれません。大国は優れた軍事力だけでなく、開発や文化、文明においても優れた側面を持ちます。しかしその成功ゆえに、時には非常に誤った価値観や基準も生み出します。大国が軍事力を基準にし始めると、正しい方向から外れ、圧倒的武力を持つ一国が世界を征服する結果を招きます。私は、どんな戦争が起ころうとも、自分たちを守るためでなければ、それに参加するつもりはありません。世界が２つの大国ブロックに分かれれば、結果は戦争です。世界の中で非同盟地域を狭めることは、戦争に向かう危険な歩みであり、軍事力を持たない国々が行使できるかもしれない目標やバランス、展望を縮小するものなのです。

　今、私たちが論じているのは軍事力ですが、私は道徳の力も重視されるべきと考えます。ロシアや米国やその他の国には原子爆弾や水素爆弾があるかもしれませんが、私はアジアとアフリカの道徳の力も有効だと提起します。

　どの協定も、締結国にもたらしたのは安全ではなく、原爆やその他の危険を身近にしただけです。国に強さを与えるのではなく、偽りの安全保障を生み出したのです。

　今日の世界では、二大大国の存在だけでなく、原爆、水爆の時代が来たことで、戦争、平和、政治の概念が変わってしまいました。原爆や水爆の使用では片方の国が他方より力が強いといったことは意味がありません。結局は世界が苦しみ、勝利者などいないのです。そして今の世界情勢では、どこかで侵略行為があれば、それがどこであれ、必ず世界を巻き込む戦争に発展します。

　ここに集まった皆さんに認識してほしい。限定的な戦争や核兵器使用も、やがては大戦や原爆の使用につながります。それは私たちの決議で止められるものではありません。壊滅的な破壊は戦争当事国にとどまらず、放射性物質の波で何千マイル先でも全てが破壊されるのです。

　私は学問的な見地や、イデオロギー、過去の歴史について論じているのではありません。これが今日の世界なのです。

7 鄧小平
「今、3つの世界がある」
1974年4月10日＠国際連合資源特別総会

▶ ルーツはネルーの演説にある

パックン　この演説の舞台は国連総会ですが、鄧小平はここで、ネルーの演説で提唱された非同盟運動の国々に向かって話していたと考えてもいいと思います。というのもこの当時、世界の大国と小国との間では、独立は認めるけれど、経済的な依存性は保つという新植民地主義（ネオコロニアリズム）ともいうべき関係性が続いていたからです。

　かつて、世界はイデオロギーによって分かれていました。第1世界は民主主義の西洋、第2世界は共産主義のロシアと中国、それ以外が第3世界でした。それを「大国アメリカとロシアが第1世界であって、その関連諸国が第2世界。我々第3世界に属する国々はみな仲間なのだ」と、イデオロギーや軍事同盟ではなく、経済的パワーバランスや帝国主義の度合いで世界を3つに分けたのが鄧小平です。

　そして、その第3世界のリーダーになろうとしているのが、今の中国です。習近平が2013年から提唱している、中国を中心とした広域の経済圏を作ろうという「一帯一路」政策には、その思想が影響しているように思います。

ネルーはここまで経済力で世界を3つに分けていたわけではないが、今の国際構造の基礎を作ったという共通点はある。先にも触れた通り、ウクライナ戦争におけるインドの中立気味な立場も、ネルーの思想の延長線上にあると言えるでしょう。つまり、中国の一帯

鄧小平（1904—97）；ＤＰＡ＝共同

一路政策も、インドのロシアへのどっちつかずの態度も、今に始まったことではありません。ルーツはネルーと鄧小平の演説にあるのです。

鄧小平が演説を行った1974年当時の中国は、統制のとれた大きな国ではあっても、軍事的・経済的にはまだ弱い国でした。「第3世界のリーダーは我々だ」といくら宣言しても、そこまで頼ってもらえるほどの国ではなかった。

池上　当時はまだ文化大革命の真っ最中でしたからね。鎖国状態だった中国国内の情報は、外国にはまったく入ってこなかったのです。

パックン　そうでしょうね。この演説も、鄧小平が発信してはいますが、考えたのは文化大革命の主犯ともいえる毛沢東です。

池上　この後、1976年に周恩来が亡くなると、鄧小平は失脚させられています。北京から追い出されて工場労

働者になりました。

パックン　後で返り咲きますけどね。

▶ 鄧小平演説の皮肉

パックン　この演説は、前章で見たネルーのものよりもずっとまとまっています。数百年に及ぶ超大国の植民地支配と帝国主義によって、どんな搾取をされたかを羅列している。

　「超大国とは、いたるところで他国に対し、侵略、干渉、支配し、転覆、略奪を行い、世界の覇権を求めようとする帝国主義国のことです」

　冷戦で対立しているソ連とアメリカを同じ帝国主義国と定義してから、人類の歴史で実際に起きていたことをきれいにまとめている。だから、聴衆となっていた帝国主義の被害国の皆さんが「そうだ、そうだ」と思うわけです。

池上　そうでしょうね。ただこれらは、現在中国自身がやっていることですが。引用すると、

　「もしも中国がいつの日か変節し、超大国となり、世界の覇権を握り、いたるところで他国をあなどり、侵略し、搾取するようになれば、世界の人民は、中国に社会帝国主義のレッテルを貼るべきであり、中国の悪事をあばき、中国に反対し、そして中国人民とともに中国を打倒すべきです」

パックン　今の中国そのものだ。

池上　鄧小平が予言し、批判した通りになっている。皮肉なものですね。

パックン　今読むと、ツッコミたくなる箇所だらけです。経済力を利用して他国を操ろうとするな、と言っていますが、「もしもし？」となります。どの口が言っているんだ、と。

池上　当時は「中国は、この先も超大国にはなりません」と言っていたのに、かつての中国が嫌悪した超大国に、今や自らがなっているわけです。

　ここで言及されている「批林批孔」というのは、1973～74年に中国で展開された林彪と孔子を批判する政治運動のことです。当時、毛沢東のすぐ下には軍のトップ、林彪がいました。林彪は毛沢東の後継者として憲法にも記されていた人物で、本人も次は自分がトップになるのだと思っていたら、毛沢東がいつまでも辞めようとしないので痺れを切らし、1971年に毛沢東を暗殺するクーデター計画（「571工程紀要」）を起こすんです。ところがそれが事前にバレてしまう。林彪は飛行機でソ連に亡命しようとしますが、途中で燃料切れを起こし、モンゴルの大草原に墜落して亡くなってしまいます。そこから、この林彪一派を打倒しようという運動が起こり、全国に広がっていった。それが「批林批孔」です。

　この運動を展開したのは、毛沢東の妻の江青など、毛沢東の権威を利用して権力を掌握しようとしていた四人組と呼ばれる連中です。彼らにとって、毛沢東に忠実な首相として、彼が暴走しないよううまく抑えていた周恩来は、目障りな存在でした。なんとかして陥れたいけれど、周恩来は国民から非常に愛されていた。そこで、暗に孔子を批判することにしたのです。「林彪を批判し、

孔子を批判しよう」という運動です。

パックン　暗号で喋っていたのですか。

池上　そう。中国では、対象となる人物を直接非難せず、別の人を非難しているように見せかけて、実はこちらを陥れるというようなことがよく行われるのです。毛沢東の文化大革命もそういうやり方でした。

パックン　最近では、習近平のことをプーさんになぞらえて批判する運動もありましたね。その結果、プーさんという単語が検索できなくなったという。

池上　ありましたね。話を戻すと、「批林批孔」のときは、儒教思想が徹底的に批判されたんです。紅衛兵たちが孔子廟を襲撃し、孔子廟を守っていたお年寄りを殴り殺すという事件まで起きました。

　当時の中国にはまだ、年配者を敬うなど礼儀正しい儒教思想が色濃く残っていたのですが、毛沢東が文化大革命で「過去の秩序を徹底的に破壊しろ」と命じたものだから、そうした思想もモラルもすべて破壊されてしまいました。昨今、中国人のモラルが問題視されるのも、もとを辿れば文化大革命に原因があるといえるでしょう。

パックン　なるほど。まるでこの50年間の中国の変貌ぶりを解読するようですね。

▶ ソ連の位置づけを変えた

パックン　もう1つ、今の中国に問い質したいところがあります。この鄧小平の演説には、当時の国際構造をガラリと変えるほどの発言が含まれています。それまで中国とソ連は同じ共産主義国、社会主義国として仲間だっ

た。しかしここではソ連のことを「現代における最大の国際的な搾取者、抑圧者であり、新しい世界戦争の震源地」としての超大国だとはっきり位置づけている。しかも中国はこのようにソ連を批判しておきながら、今はロシアと仲良くしている。

「アジア・アフリカ・中南米の発展途上国を自らの支配下に置こうとし、また、かれらの力に及ばない先進国をあなどろうとしています」——グローバル企業を使って発展途上国の資源を搾取したり、武器を売りつけたり。社会主義国全体の利益のためには、一国の主権が制限されてもやむを得ないという「制限主権論」ですよ。

池上　社会主義圏の主権はいずれも限定的なものだという理屈ですね。制限主権論は当時のソ連書記長の名にちなんで「ブレジネフ゠ドクトリン」とも呼ばれます。1968年、チェコスロバキアの民主化運動「プラハの春」をソ連が押しつぶしたときに使われた言葉です。

当時のチェコスロバキアは社会主義国家で、ワルシャワ条約機構（WTO）の一員でした。チェコがWTOから離脱しようとしている。社会主義の根幹を揺るがしかねないから、みんなの大義のために抑え込むべきだ、というので、ソ連はチェコスロバキアに2500両もの戦車を送り込んだのです。

余談ですが、当時のチェコスロバキアはソ連圏なので、ソ連と同じ戦車を使っていた。お互いの戦車の見分けがつかないため、ソ連軍は自国の戦車には白い線を入れていました。当時の写真を見ると、真っ白い線が1本入っています。その記憶があったので、2022年2月、

もしロシアがウクライナに侵攻することがあれば、ロシアの戦車には必ず何か印をつけるはずだ、と私は前から指摘していました。ウクライナとロシアの戦車は同じなので、敵と味方がわかるように。

パックン　それがＺの白線だというわけですね。現地からの映像でたくさん見ました。

池上　そう。ただし、あれはアルファベットのＺではなく、ただのマークだと思います。キリル文字にＺという字はないので。

パックン　なるほど、ロシアの戦車なのに「ゼレンスキーのＺ」にも見えるから、不思議に思っていました。稲妻マーク、といった感じでしょうか。

　ワルシャワ条約機構（WTO）は、1955年のネルーの演説の直後、同年５月の東欧８カ国友好協力相互援助条約に基づいて結成された、NATOに対抗する巨大な軍事同盟です。つまり世界が２分割されていくというネルーの予測は、見事に現実になったわけです。WTOに非同盟運動中の国々もいくつか入ってしまったら、世界はさらに恐ろしい構図になっていたかもしれません。

▶ 50年を経て変貌した中国

池上　鄧小平のこの演説は、今の中国を見事に批判したものになりましたね。実に面白いな。鄧小平の時代には、アメリカの資本主義とソ連の帝国主義に対抗する、第３世界のリーダーになろう、アメリカやソ連のような覇権主義的な超大国には決してならないというスタンスだった中国が、今やアメリカやソ連に匹敵する超大国に

なっている。

パックン　国力の目安となる指標の1つGDPで見ると、1974年に1422億米ドルだった中国は今や17兆米ドルですからね。

池上　桁が違いますね。

パックン　2桁も違います。100倍もの国になっている。世界のGDP自体も増えてはいますけれど。ともあれ、1974年当時の中国は、まだ独自政権の確立から四半世紀しか経っていない国でしたから、現在のような超大国然とした振る舞いができるとは思いもしなかった。

　世界から見た「中国」が台湾の中華民国から、中国共産党の中華人民共和国になったのは、1971年の国連総会の決議においてです。この演説は、それからまだ3年しか経っていない時期で、中国代表として初めての国連での演説でした。現在の中国の姿を想像できた人はいなかったでしょう。

池上　日本は1972年に中国との国交を正常化させましたが、そのとき日本人は中国人の体型がみんなスリムなのに驚いたんですよ。なぜあの体型を維持できるんだろう、と。そうか、ウーロン茶のおかげなんだ、と納得したのですが、実際には中国という国があまりに貧しく、栄養状態が悪かったために人々が痩せていただけだったんです。時代が下って、現在の中国の人たちは見事な体格になっていますが。

パックン　確かに、中国料理ってすごく油を使いますし、客人は満腹にさせないと失礼だというので、大量の料理でもてなす文化もあります。ウーロン茶に痩身効果

がそれほどないとしたら、そりゃあ太ります。

池上　それにお茶は贅沢品で、当時学校給食では白湯が
出ていたそうですよ。それぐらい、毛沢東時代の中国は
貧しかった。

▶ 中国批判の絶好の材料？

パックン　鄧小平のこの演説は、修辞学的にはよく練ら
れています。聴衆のハートをうまくつかんでいる。言葉
が美しいというよりは、歴史的出来事を羅列し、仮想敵
を作って団結を呼びかけている。誰でも倣って応用しや
すい、効果的な演説のテクニックだと思います。

　ただ、現代の視点から読むと、どうしても皮肉に感じ
ますね。池上さんのおっしゃる通り、今の中国にこの演
説を突きつけ、「この理想を守ってくれよ」と言ってや
りたいですよ。やらないと自ら宣言したことを今やって
いるじゃないか。覇権を目指さない、他国の資源に手を
出さない、と言ったのはどこの誰なんだ、と。

　Google の開発者であるラリー・ペイジとセルゲイ・
ブリンが今、似たような裁判を起こされています。2人
が大学在学中に共著で発表した論文には、「検索エンジ
ンには広告を掲載すべきではない」という結論が書いて
ある。

池上　なるほど。あのとき言っていたことと、今やって
いることが違うじゃないかと訴えられているのですね。

パックン　第4章で池上さんが紹介した、レーガノミク
スを批判したブッシュがレーガンの副大統領になったの
もそうですが、本人の過去の言葉を武器に攻撃するの

が、一番効果的なんです。だから鄧小平のこの演説も、中国を批判するのに使えるはずです。

池上　レーニンの著書『帝国主義論』（1917年初版。邦訳は角田安正訳、2006年光文社古典新訳文庫ほか）には、帝国主義とは何かが定義してあります。資本主義国が高度に発展すると、様々なものを製造するようになり、国内では消費しきれなくなって海外に輸出する。海外でそれらをさらに発展させていく。それが帝国主義なのだ、と。最近読み直して、まさに今の中国ではないかと瞠目しました。中国が今進めている一帯一路政策は、中国国内で作りすぎて余ったコンクリートや鉄骨などを、アジアインフラ投資銀行（AIIB）の融資を受けて世界中にばらまこう、という政策です。AIIBはそもそも2015年に中国が提唱して発足した金融機関で、当時は57カ国が加盟、2021年には合計103カ国が加盟しています。レーニンが定義した帝国主義そのものを、今の中国は実行しているのです。

パックン　ニッケルやコバルトなど、電池の原材料になるものは今非常に貴重ですが、そんな資源の支配権についても鄧小平は言及しています。植民地主義と帝国主義のやり方に陥ってはいけない。発展途上国は、経済を発展させたいのなら、他国からの融資（foreign capital）は断ち、自国の資源は自らコントロールすべきだ、と。第3世界の仲間の国々に、帝国主義から離脱して自立しようと呼びかけていた中国自身が、今最も金をもち、他国の資源を独占しようとしている。あのときの呼びかけを、今中国が支配している国々から指摘されたらどうす

るつもりなのでしょうか。

　一方で、鄧小平は第3世界に自立を呼びかけつつも、外国からの援助は断らないよと言っているのが面白いです。第1世界には第3世界を援助する責任はあるし、我々はそれを断ったりはしない、と。ここ大事です。

池上　いやあ、面白いな。今の中国はこの演説、封印しているでしょうね。

パックン　解釈を変えているのかも。「侵略」は、帝国主義の支配者側に都合よく解釈すると、「我々はあなたたちを助けるために、解放するために来ているんですよ」となりますからね。

　Manifest Destiny（明白なる使命）という言葉をご存じでしょうか。アメリカ合衆国の領土拡大は、神がアメリカ国民に与えた使命であるという考え方です。1840年代の西部開拓に始まり、1890年代のアメリカの帝国主義政策を正当化するのにも使われました。

　もう1つ、「White Man's Burden」という表現もあります。白人には非白人の世話をする責任がある、という考え方です。というのも、白人は世界においてこれだけ成功している。成功しているのは、我々が神様に選ばれた人種だからで、選ばれた我々には、恵まれた資質を使って世界にキリスト教や民主主義、資本主義を広める、神様から与えられた明白な使命がある。だから外国に入っていくしかないのだ、と。

池上　中国の軍隊「人民解放軍」にも似たところがありますね。中国軍に名称を変えるべきだという意見もあったのですが、変えずに現在もそのままです。その理由

は、まだ解放すべき人民が残っているという考えだからです。チベットもウイグルも解放したけれど、まだ海の向こうに解放していない台湾がある。

▶第3世界の消滅

パックン 向こうはそんな「解放」を頼んでもいないのにね。ちなみにこの演説で触れられている相互主権・平等の尊重の原則は、先ほど取り上げたネルーの演説が行われたバンドン会議で生まれたものですよね。

池上 皮肉なことにね。それに、**ここで第3世界と言われている中国もインドも、いまや覇権を手にした超大国として躍り出てきている。** インドネシアだって猛烈に発展している。政治的な第3世界というのはすでに消失したと言えるでしょう。

　社会主義が事実上消え、これからの発展は経済が支えるものになっていく。現に今、**アフリカや東南アジアなど資源を持つ南半球の国々（グローバルサウス）が急激な経済成長を遂げています。**

パックン グローバルサウスは、新興国・途上国の総称として、経済的な機会を与えようとか、国際社会での発言権を与えようといった周知活動においてよく使われる言葉でもあります。でもグローバルサウスをまとめようという動きは、まだあまりないようです。ネルーも非同盟国をある意味まとめようとしていたが、「非同盟」を理想とするからこそ国家間の強い結束は実現できないかもしれませんね。

池上 そうですね。インドは最近は「グローバルサウス

の盟主」という意識を持っている。ネルーの演説の非同盟主義を守るとしたら、まとまることは主義に反するのではという思いもしますが。

パックン　そう考えると、冷戦時代の構図はわかりやすかったですね。西洋的な考え方ではアメリカ、ソ連、その他。毛沢東と鄧小平の考え方では、アメリカ＋ソ連、その２大国の仲間、その他。シンプルでした。でも、今は世界の分け方が非常に難しい。例えば韓国はどこに入るのか。西洋なのか、中国なのか。日本は事実上、なぜか西洋国的な扱いになっていますが。

池上　福沢諭吉が「脱亜入欧」を唱えています。アジアから脱して、欧州に入る。日本はアジアから脱して、ヨーロッパの先進国にならなければという、明治維新以降の日本のスローガンです。

パックン　なるほど。たしかにその通りに行動しましたね。

池上　そのうちにアジアの盟主になることにしようと言って、大東亜共栄圏の発想が生まれるわけです。

パックン　それも失敗しましたね。だから脱亜入欧のほうにより注力したのでしょうか。

池上　なんとなく、アジアの一員というよりは、欧米の仲間のほうに憧れるという感覚があるのでしょう。

パックン　G７（Group of seven、主要７カ国首脳会議）だって、別に文化会議ではないはずなのに、同性婚などのトピックについてもG7で足並みを揃えないと、という空気があります。価値観を共有する国々で構成されている枠組みだからでしょうけれど。だから、隣国の

領土を勝手に併合するような国は入れないということで、2014年にクリミア併合を断行したロシアは追い出されました。でも、同性愛などの価値観では西洋と相容れない日本は、G7から追い出されない。これは許容範囲内のようですね。それでも、脱亜入欧なのか、日本は最近少しずつLGBTQの権利を守る方向に法改正も進めています。

　いずれにしても、世界の国々をどう分類するのか、非常に難しい時代です。NATOもEUもあるけれど、それ以外の国々が難しい。メキシコはどうでしょうか。グローバルサウスではありますが……。

池上　メキシコは北米自由貿易協定（NAFTA）に入っていますね。メキシコを中米だと思っている人がいますが、地図上もメキシコは北米ですから。

　西側でも東側でもない国々が第3世界に区分されたのは、東西冷戦時代まで。**冷戦が終わったことで、第3世界という概念自体が自然消滅したのです。その代わりに、急激に経済が発展している国々がグローバルサウスという言われ方をし始めた。**

パックン　でも中国には、鄧小平がここで言及した第3世界の発想が、まだ少し残っているのではないでしょうか。中国は、一帯一路政策で、その第3世界の非同盟国たちをまとめようとしている。世界経済の4割は入っていますからね。彼らをまとめることができれば、とんでもない勢力になります。

　とはいえ、くっきりとした枠組みになるかどうかは疑問です。非同盟運動の中には、ベラルーシも入っていま

すから。ロシアの最強の同盟国が、非同盟運動の一員と名乗ってどうするんだ、となりますよね。

池上　そうですね。ベラルーシのルカシェンコ大統領は、ロシア・ベラルーシ連邦のトップになろうとしていたような人物です。そしたら大統領選挙での不正がバレて巨大な反政府運動が起き、窮地に立たされたルカシェンコはプーチンに助けを求めることになった。そこで立場が逆転したので、ルカシェンコはそれ以降、連邦国家のことは口にしなくなりました。

パックン　たとえルカシェンコが連邦のトップに立ったとしても、プーチンの操り人形になるだけですよね。権力構造はほとんど変わらないでしょう。

▶ 先進国か途上国かを使い分ける

パックン　ネルーと鄧小平の演説は、当時の世界における第3世界の立ち位置を明白にしたという意味で、歴史に大きな影響を与えたし、その影響は今もなお残っています。時代を見通す千里眼が発揮された部分もあれば、想定が外れた部分もあるでしょう。とくに鄧小平の演説の場合は、中国自らその理想を破壊していますから。しかしいずれにしても、今も影響を与えていることは間違いない。

池上　影響は間違いなく残っていますね。**世界に第3世界という存在があるのだと明言したことだけでも、世界の歴史を動かした出来事だったと思います。**

パックン　しかも第3世界の考え方には2通りあって、使い分けることができるのだ、と。今も外交で利用して

いる国は多いのではないでしょうか。

池上　中国などは、先進国の立場と途上国の立場を、都合よく使い分けていますよね。

　国際郵便が好例です。国連専門機関の万国郵便連合（UPU）が取りまとめる万国郵便条約により、途上国は国際郵便の料金が優遇されていて、途上国から外国に出す郵便は割引料金が適用されるんです。世界最大規模の輸出国となった中国にも、いまだに途上国基準が適用されている。雑誌「ニューズウィーク」や「TIME」の請求書は、かつてシンガポールから来ていましたが、それも郵便料金が安いからです。

　2018年にはトランプ前大統領がそれを不公平だと怒って、「アメリカは万国郵便条約から離脱する」と宣言して、話題になりました。

パックン　怒っていましたね。それで納得しました。僕が購読している「TIME」誌、今もシンガポールから届いていますよ。

池上　でしょう？　アメリカから送ると高いからです。

パックン　ネルーと鄧小平の演説のスタイルは、今後も使える気がしますね。ベネズエラとかキューバとかインドネシアとか、さまざまな国が定期的に帝国主義国への怒りを煽り、「我が国が第3世界のリーダーです」と宣言し、「みんな団結しようぜ」と呼びかける。そんな未来が見えてきます。

【演説要旨】(本文解説で取り上げた部分に下線を付した)

　国連が、帝国主義の搾取と略奪に反対し、国際的経済関係を改める重要な問題を討議する専門会議を開くのは初めてです。これは、国際情勢の大きな変化を反映しています。中国政府は、この会議が、発展途上国の団結の強化と民族の経済的権益の維持に、そして、各国人民の反帝国主義、とりわけ反覇権主義の闘争の促進に、積極的な貢献を果たすことを期待します。

　「天下大乱」(天下が大いに、乱れる)という情勢のもとで、世界のさまざまな政治勢力が長期にわたる対決・闘争によって、急激な分裂や再編が起きています。アジア・アフリカ・中南米諸国が次々に独立を勝ち取り、国際的な取り組みにおいてますます大きな役割を果たしています。戦後の一時期に存在した社会主義陣営は、社会帝国主義が現れたため、もはや存在しません。西側の帝国主義集団も、資本主義の発展不均等の法則によって、すでにばらばらになってしまいました。国際関係の変化から見ると、現在の世界には事実上、相互に結びつきつつも相互に矛盾し合っている3つの方面、3つの世界が存在しています。アメリカとソ連が第1世界です。アジア・アフリカ・中南米の発展途上国とその他の地域の発展途上国が、第3世界です。第1世界と第3世界の間にある先進国が、第2世界です。

　2つの超大国、アメリカとソ連は、世界制覇をもくろんでいます。この二つの国は、それぞれ異なるやり方で、アジア・アフリカ・中南米の発展途上国を自らの支配下に置こうとし、また、かれらの力に及ばない先進国をあなどろうとしています。この2つの超大国は、現代における最大の国際的な搾取者、抑圧者であり、新しい世界戦争の震源地となっています。

　広範な発展途上国は、長期にわたって植民地主義や帝国主義の抑圧と搾取に苦しめられてきました。これらの国々は、民族の解放と国家の独立を目指す戦いにおいて、信じられないほど力を発揮し、たえず輝かしい勝利をおさめてきました。これらの発展途上国は、世界の歴史の車輪を前進させる革命の原動力です。植民地主義、帝国主義、とりわけ超大国に反対する主要な勢力です。帝国主義、とりわけ超大国がどんな行動に出ようとも、発展途上国が経済的解放への道を勝ち進んでいくことは阻止できません。

　中国は、社会主義国であり、また発展途上国でもあります。中国は、第3世界に属します。中国政府と中国人民は、一貫して毛主席の導きに

従い、国民経済を発展させ、植民地主義、帝国主義、覇権主義に反対するすべての被抑圧民族の闘争を断固として支援します。これは、私たちが当然果たすべき国際主義の義務です。中国は、いま超大国ではありませんし、将来も超大国にはなりません。

　超大国とは何でしょうか。超大国とは、いたるところで他国に対し、侵略、干渉、支配し、転覆、略奪を行い、世界の覇権を求めようとする帝国主義国のことです。社会主義の大国においてもし資本主義が復活すれば、その国は必ず超大国に変わるでしょう。ここ数年中国において行われたプロレタリア文化大革命と、いま全中国で展開されている「批林批孔」運動（林彪と孔子を批判する運動）は、どちらも資本主義の復活を防ぎ、中国の社会主義政権が決して変節しないことを保障し、中国が永遠に被抑圧人民と被抑圧民族の側に立つのを保障するためです。もしも中国がいつの日か変節し、超大国となり、世界の覇権を握り、いたるところで他国をあなどり、侵略し、搾取するようなことになれば、世界の人民は、中国に社会帝国主義のレッテルを貼るべきであり、中国の悪事をあばき、中国に反対し、そして中国人民とともに中国を打倒すべきです。

　歴史は闘争の中で発展しており、世界は激動の中で前進しています。帝国主義、とくに超大国は、数々の困難を抱え、日に日に衰退し、没落に向かっています。国家は独立を求め、民族は解放を求め、人民は革命を求める、はばむことのできない歴史の流れです。我々は、第3世界の国々と人民が団結を強め、また連合できるすべての勢力と連合し、長期にわたって闘争を続けていく限り、必ず新たな勝利を不断に勝ち取ることができると、確信しています。

8　昭和天皇
「堪え難きを堪え、忍び難きを忍び」
1945 年 8 月 15 日@ラジオでの玉音放送

▶ 日本には演説文化がない？

池上　本章の昭和天皇や次章の安倍首相の演説は世界を動かしてはおりませんので、番外編ということで取り上げましょう。日本人の演説はどうも名演説にはなりにくい。

パックン　でも、そこに本書の立脚点があると思うんですよ。なぜ日本には演説の文化がないのか。言葉の力で民衆の心や政治を動かす必要がなかったんでしょうか。

池上　明治維新まではまったくなかったと思います。それを変えたのが福沢諭吉です。スピーチ、言葉の力で人々を動かしていく必要性を唱え、慶應義塾内に「三田演説館」を建てた。慶應義塾の学生たちが西洋の演説文化を学び、講習を行う場所だったと言われています。

パックン　「演説」という言葉も、福沢諭吉が作ったんですよね。

池上　そう。建物は「慶應義塾大学三田演説館」として今も残されています。そうして福沢が演説の必要性を訴えたにもかかわらず、なぜか定着していませんが。

パックン　ですよね。西洋文化においては、演説は非常に重要で、大きな存在です。日本でその代わりになるものは何なのでしょうか。権力なのか、身分なのか。

昭和天皇（1901—89）の「玉音放送」を聴く工場労働者たち。
1945年8月15日

池上　身分でしょうか。日本ではどうしても「ここだけ
の話」というか、腹を割って話すのは密室内になりがち
で、みんなに向かって演説し、みんなの力で世の中を動
かしていくことができないんですね。1940年に国会で
堂々と日中戦争への疑問と批判を呈した斎藤隆夫の反軍
演説は、歴史としては残っていますが、斎藤は衆議院議
員を除名になってしまう。不祥事で除名になったガーシ
ーとは違い、戦争反対を表明したことでの除名ですが。

▶ 初めて聞く天皇の声が戦争を止めた

パックン　そうした日本の数少ない有名な演説から2つ
を取り上げてみましょう。1つは昭和天皇の玉音放送で
す。歴史を動かしたかどうかは別にして、今、我々が暮
らす社会の形に影響を与えたとは言えると思います。

池上　そうですね。昭和天皇のこのラジオ演説のおかげで、日本人はピタッと戦争をやめましたからね。それは見事なものでした。

パックン　玉音放送後、捕虜は数人殺されたし、特攻に出ていた人もいましたが、総体としてはピタッとやめましたね。前日に「明日、大きな放送がある」と宣伝しておいて、当日午前中になんと天皇陛下本人の声が聞けるとわかって、多くの人がラジオをつけていた。冒頭で起立が促されたようですね。

池上　当時の写真を見ると、立って聞いていたようです。

パックン　「君が代」が流れ、事前に演説が録音された円盤がかけられた。アメリカでは昭和天皇の声は甲高かった、と言われているのですが、実際はどうだったのでしょうか。

池上　明らかに高いですね。

パックン　やっぱり。

池上　昭和天皇は幼少期に親から引き離され、孤独な生活を余儀なくされたために、人とのコミュニケーション力がいささか欠けていたと言われています。終戦後、全国各地を回って人々を激励したのですが、そのときも何を言われても天皇は「ああ、そう」と言うだけ。会話が成り立っていなかった。その父の姿を見ていた今の明仁上皇と美智子上皇后は、我が子を自分の手元で育てたいと、伝統を破り、新しいスタイルの子育てをされた。

　つまり昭和天皇は、側近から国内の状況についていろいろと報告は受けるし、それに対する意見や感想は伝え

ていたけれど、国民の前で演説をする機会はまったくなかったんです。大衆に自らのメッセージを伝えるための教育を受けたこともなかった。玉音放送で甲高い声で原稿を読み上げたのには、そういう背景もあるんですよね。国民のほうも、天皇の声を聞いたのはこれが初めてだったはずです。

パックン　なるほどね。偶然かもしれませんが、欧米で信頼されるのは低めの声なのですが、日本では高い声が結構重宝されるなと感じます。お店に入ったときの「いらっしゃいませ」とか、駅のアナウンス「3番ホームに電車が参ります。黄色い線の内側までお下がりください」とか、どれも音程がかなり高めです。欧米と日本では、美しいとされる声の種類も違うのかもしれません。

　ともあれ、この玉音放送、僕は落ち着いてしっかり読めていてすごいなと思いました。聴く側の当時の日本の人々は、内容をわかっていたのでしょうか。

池上　ほとんどの人がわからなかったと思います。しかも電波状態も非常に悪かったので、実は演説後、NHKの放送員が解説をしていた。それで多くの人が理解できたという。ちなみに「放送員」とはアナウンサーのことです。当時、敵性語の英語は使えなかったので。

パックン　そうか。今だったら池上さんがキャスティングされていたところですね（笑）。

池上　「岸田総理の発言はわかりにくかったと思いますが、要するにこういうことを言いたかったんです」って（笑）。

▶ 平和大国日本の礎となった？

パックン　この玉音放送ですごいなと思ったのは、「我々はそもそも侵略しようと思ったわけではない」という考えをはっきり言っていることです。天皇陛下自身が、その思いを自らの声で届けた。それが戦後の日本の礎になったのではないかと思うんです。

現代の言葉で解釈すると「そもそも帝国臣民の安全を確保し世界の国々と共に栄え、喜びを共にすることは、天皇家の祖先から残された規範であり、私も深く心にとめ、そう努めてきた。先に、米・英2カ国に宣戦を布告した理由もまた、帝国の自存と東亜の安定を願ってのものであって、他国の主権を侵害したり、領土を侵犯したりするようなことは、もちろん私の意志ではない」と。

これを聞いて「そうだったんだ」と驚いた欧米人は多かったと思います。日本が戦後、立派な平和大国に変貌を遂げた鍵の1つだったのではないかと。

池上　昭和天皇をめぐっては、戦争責任などいろいろと議論がありますが、彼は彼なりに、さまざまな場面で立憲君主制を守ろうとしていたんですね。立憲君主制である以上、自分は政治を実際的に動かしてはならない。その原則を守る以上、自分がどんなに平和を求めても、軍部が独走してしまえば止められない。結局、戦争に突き進んでこんな状態になってしまった。でもこれは私の本意ではなかったのだ、と。ある種の自己弁護も含んでいるとも言えますけれども。

パックン　命乞いをしているという見方もできると思いました。ただ一方で、日本の人々は素直にこの降伏宣言

通りに動きました。そして日本はその後ずっと戦わずにきていて、我々がその恩恵を受けていることを思うと、大きな成果だったとも言えます。

　また、演説の後半では、日本国民の被害者としての側面が大きくクローズアップされています。有名な「堪え難きを堪え、忍び難きを忍び」のフレーズでは、「私はこれからの運命について堪え難いことを堪え、忍び難いことを忍んで将来の万世のために太平の世を切り開こうと願っている」ということを伝えています。これから非常に大変な日々を送ることになるけれど、辛抱強く頑張ろう、私は共にいますよ、というわけですよね。この考え方も、今の日本に色濃く残っていると思います。

　この玉音放送の内容を受けて気になるのが、昭和天皇がその翌年1946年1月に発した「人間宣言」と呼ばれる詔書です。明治天皇が示した「五箇条の御誓文」を持ち出して、もともと我々の国は民主国家であり平和国家なのだと言っている。戦後の我々が享受している日本という国の基礎は、外から植え付けられたものではなく、古くから文化としてあったものであり、歴代天皇がずっと望んできたものなのだ、と。これについてはどうでしょうか。

池上　明治時代に成立、発布された明治憲法は国民主権ではないとよく言われますが、内容としては立憲主義がそれなりに維持されているんです。天皇が絶対的な力を持つとは書かれているものの、無制限に独裁権力を行使できるわけではなく、あくまで国民の代表による議会が決めた法律に基づいて、政治を執行しなければならない

と明記されている。当時のアジアでは画期的な憲法だったと思いますね。

パックン　軍事国家への暴走も経ましたが、戦後は軌道修正して元々の姿に戻ったという感じですよね。天皇陛下のお言葉によって、国民皆が「そうだ」と心からそうした国を目指す気持ちになったのではないでしょうか。

▶ 玉音放送から人間宣言へ

パックン　また、昭和天皇は玉音放送の最後では、子孫ともども「かたく神州の不滅を信じ」と、神国というニュアンスを出しているように読めますが、人間宣言では、「私とあなたたち国民との間の絆は、いつもお互いの信頼と敬愛によって結ばれ、単なる神話と伝説とによって生まれたものではない。天皇を神とし、かつ日本国民は他より優れた民族とし、よって世界の支配者となる運命があるかのような架空の観念に基づくものでもない」ということを言っている。たった4カ月の間に、気持ちが変わったのでしょうか。

池上　確かに変わっていますね。連合国による占領が始まり、まったく新しい民主主義国家としてやっていかなければいけないというときに、「神国日本」だとか「天皇は神の子孫」だとかといった非科学的なことは言うべきではない。新しい国では天皇も人間なんだとはっきり示すべき、宣言しなければいけないという判断があったのでしょうね。

　ただこの詔書、「人間宣言」と位置付けられてはいますが、「天皇を神とし、かつ日本国民は他より優れた民

族とし、よって世界の支配者となる運命があるかのような架空の観念に基づくものでもない」ということは、天皇が現人神でそれゆえに他の民族に優越するというような架空の神話に基づいて日本という国を考えてはいけない、あくまで人々が寛容の心をもって助け合って生きていくのが日本の伝統であり大切なことなんだ、と言っているんですよね。普通の人はこれを読んで、天皇が「私は神様ではない」と言っているとは受け止めなかったと思いますよ。

パックン　そうなんですね。確かに、実際に読むとあまり「人間宣言」的なメッセージは伝わってきません。私と国民の絆は、架空の神話に基づいているのではなく、お互いの信頼と敬愛に基づいているんですよ、と。そこはすごく伝わります。

池上　今の上皇陛下は天皇時代、災害被災地に足繁く赴いて人々を激励されていましたが、あれもここで謳われた天皇と国民との紐帯を自ら実践されていたんじゃないか、とこれを読むと思いますね。

パックン　まさに。この「人間宣言」がGHQからOKをもらえたのも、うまい具合に英訳されたからでしょうね。よく見ると、「神」をdivineと訳したり、「架空の観念」が虚偽的な、不真実な概念、といったニュアンスで訳されている。強く神性を否定している印象を与える訳になっていますね。翻訳者がいい仕事しています。

池上　なるほどね。

【「玉音放送」原文】

　朕深く世界の大勢と帝国の現状とに鑑み非常の措置をもって時局を収拾せんと欲しここに忠良なるなんじ臣民に告ぐ。

　朕は帝国政府をして米英支蘇四国に対しその共同宣言を受諾する旨通告せしめたり。

　そもそも帝国臣民の康寧を図り万邦共栄の楽 をともにするは皇祖皇宗の遺範にして朕の拳々おかざるところ。さきに米英二国に宣戦せるゆえんも亦実に帝国の自存と東亜の安定とを庶幾するに出で他国の主権を排し領土を侵すがごときは固より朕が志にあらず。然るに交戦すでに四歳を閲し、朕が陸海将兵の勇戦、朕が百僚有司の励精、朕が一億衆庶の奉公、各々最善を尽くるに拘らず、戦局必ずしも好転せず、世界の大勢亦我に利あらず。しかのみならず敵は新たに残虐なる爆弾を使用して頻に無辜を殺傷し、惨害の及ぶところ真に測るべからざるに至る。而もなお交戦を継続せんか、ついに我が民族の滅亡を招来するのみならず、ひいて人類の文明をも破却すべし。かくのごとくは朕何を以てか億兆の赤子を保し皇祖皇宗の神霊に謝せんや。これ朕が帝国政府をして共同宣言に応じせしむるに至れる所以なり。

　朕は帝国と共に終始東亜の解放に協力せる諸盟邦に対し遺憾の意を表せざるを得ず。帝国臣民にして戦陣に死し、職域に殉じ、非命にたおれたる者及びその遺族に思いを致せば、五内為に裂く。かつ戦傷を負い、災禍を蒙り、家業を失いたる者の厚生に至りては朕の深く軫念する所なり。おもうに今後、帝国の受くべき苦難は固より尋常にあらず。なんじ臣民の衷情も朕善くこれを知る。然れども朕は時運の赴くところ、堪え難きを堪え、忍び難きを忍び、以て万世の為に太平を開かんと欲す。

　朕はここに国体を護持し得て、忠良なるなんじ臣民の赤誠に信倚し、常になんじ臣民と共にあり。もしそれ、情の激する所みだりに事端を滋くし、或いは同胞排擠、互いに時局をみだり、為に大道を誤り、信義を世界に失うが如きは朕最もこれを戒む。よろしく挙国一家、子孫相伝え、かたく神州の不滅を信じ、任重くして道遠きをおもい、総力を将来の建設に傾け、道義を篤くし、志操をかたくし、誓って国体の精華を発揚し、世界の進運に後れざらんことを期すべし。なんじ臣民それよく朕が意を体せよ。

【「人間宣言」抜粋】

　……冒頭略……

朕は爾等国民との間の紐帯は、終始相互の信頼と敬愛とに依りて結ばれ、単なる神話と伝説とに依りて生ぜるものに非ず。天皇を以て現御神とし、且日本国民を以て他の民族に優越せる民族にして、延て世界を支配すべき運命を有すとの架空なる観念に基くものにも非ず。

　……後略……

（昭和21年（1946）1月1日『新日本建設に関する詔書』より）

　（「玉音放送」、「人間宣言」ともに、引用にあたり、片仮名表記を平仮名表記に、旧字体を新字体に、一部の漢字をひらく、読みがなを付すなど読みやすく改めた）

9 安倍晋三
「希望の同盟へ」
2015 年 4 月 29 日@米国上下両院合同会議

▶ 米国連邦議会でスピーチした日本人

パックン　2015 年、アメリカ連邦議会での安倍晋三首相（当時）の演説です。アメリカ両院で日本の首相が演説するのは、祖父の岸信介以来だったそうですね。演説でもそのことに触れています。

池上　そうなんですよね。実は小泉純一郎首相にもチャンスはあったんです。退任前 2006 年 6 月の訪米で、友人のジョージ・ブッシュ・ジュニア大統領から、アメリカの連邦議会で演説をするか、それとも……。

パックン　テキサスの牧場に来て、エルヴィス・プレスリーを一緒に歌うか。

池上　そのどちらにしますか、と聞かれて、小泉はエルヴィスを選んだんだよね。ブッシュがせっかく提案してくれた連邦議会での演説のチャンスを、本人がみすみす断ったという。

パックン　実際に歌ったのはテネシー州のメンフィスで、確かに楽しそうでしたけど、日本のリーダーとしての株を上げるには前者のほうが……。

池上　まあ、エアギターでエルヴィスの真似をしたのがアメリカで大きく報じられたから、印象付けることには成功したのかも。

パックン　この先、両院の前で演説を行う日本の首相は出るかもしれないけど、エルヴィスの真似は最初で最後でしょうからね（笑）。

▶ ご当地ネタに自虐ネタ、歴史の列挙……演説テクニックの宝庫

安倍晋三（1954—2022）

パックン　この安倍さんの演説は、レトリックとして使えるテクニックの宝庫で、スピーチライターはいい仕事しているなあ、と感心します。

池上　日経BPの記者からスピーチライターになった谷口智彦さんの仕事です。極めて有能な方です。

パックン　英語もうまいし、聴衆の基礎にある概念や文化をよく理解しているんですよね。冒頭で、「私は『フィリバスター（filibuster）』をする意図も能力もありません」というジョークをかましている。フィリバスターというのは、永遠にしゃべり続けるというアメリカ議会特有の審議妨害のことなのですが、それをうまくつかみのジョークにして、話は手短にします、と伝えています。こういう一言を聞くと、聴衆は「この人は我々の文化を理解しているな」と仲間意識を抱く。エトスを高めるすばらしいテクニックです。

　そのほかにも、日系アメリカ人の長老議員で亡くなっ

たばかりのダニエル・イノウエさんのこと、カリフォルニアの未亡人の家にホームステイした経験など、小さな逸話をたくさん入れて、自分にはアメリカとの絆、この議会とのつながりがあることを伝えています。これは誰にでも簡単に使えるテクニックなので、良いお手本として参考になります。池上さんも使うでしょう、地方で講演するときには。

池上　もちろん。ご当地ネタを冒頭に仕込むのは鉄板です。行く前に、その土地と自分の関係を一生懸命探しますよね。

パックン　ご当地ネタはエトスをぐんと上げますから。

　その後、安倍（Abe）をリンカーン大統領のファーストネーム Abe（エイブ）にひっかけたダジャレを挟むのですが、残念ながら発音が悪くて伝わりづらく、あまり笑いを取れませんでした。狙いとしてはすばらしかったのですが。

池上　その前に自虐的ギャグも挟んでいますね。カリフォルニアの未亡人が「私の夫はゲイリー・クーパーよりハンサムだった」と言ったけれど、妻の昭恵が私について何と言うかは敢えて聞かないことにする、と。

パックン　これは、来場している奥さんをさりげなく紹介する意図も込められていますね。とても良い。昭恵さんが来ていると言っただけで、もうスタンディングオベーションが起きています。アメリカ議会におけるスタンディングオベーションのハードルがいかに低いかを物語っていますが（笑）。

　それから、歴史を振り返り、時間軸でストーリーを伝

えています。将来のビジョンを示し、日米同盟の強固さを訴える。よくあるテクニックではありますが、こんなに洗練されたスピーチはなかなか日本ではお目にかかりません。これで日米関係が変わったのか、世界を動かしたのかと言われると、そうとは言えませんが。

池上　でも、アメリカの議員たちに良い印象を与えたことは事実ですよね。特に、第2次大戦メモリアル（戦死者の追悼記念碑）を訪れたときの描写を通して、明確な謝罪をしたわけではないけれど、1941年の真珠湾攻撃によって多くの勇敢な兵士の命が失われてしまったことに対する遺憾の念をうまく伝えています。

パックン　スピーチライターは、アメリカ人の心境というか、日本へのイメージをよく理解しているなと感心しました。アメリカには未だに、日本といえば真珠湾攻撃をイメージし、恨みを抱いている人がいますからね。1980年代の経済成長や最近の野球の強さに並ぶほど、奇襲攻撃を仕掛けて戦争を起こす野蛮な国、という印象は残念ながら根強いんです。

▶アメリカ人に響く史実を踏まえる

池上　そして注目すべきなのは、真珠湾以外にも言及していることです。バターン・コレヒドールや珊瑚海海戦など、太平洋戦争における象徴的な戦いをここで列挙している。真珠湾攻撃だけでなく、実は他のところでもアメリカ兵をひどい目に遭わせたことに、さりげなく言及している。バターン・コレヒドールは1942年、日本軍がフィリピンを占領した戦いであり、珊瑚海海戦は同

年、オーストラリア北東岸の珊瑚海で空母機動隊同士が戦った戦闘です。

パックン　この列挙は、大事です。でも、実はこの演説の後、韓国の議会ではちょっとした騒動が起きかけたんです。安倍は韓国における罪には触れないのか、と。ちょうど慰安婦問題が盛り上がっていた時期でしたから。もちろん、アメリカ戦没兵のアーリントン国立墓地を訪れた後の演説なので、アメリカ人が亡くなった戦いしか言及しないのは当然なのですが、世界中で放送されたために、「我々のことはどうなんだ」と思った国が結構あったようです。

池上　珊瑚海海戦は、日本ではそれほど知られていないように思います。安倍さんも知らなかったんじゃないの、という気もします。

パックン　読者の皆さんも、「バターン死の行進（コレヒドール）」がいかにアメリカ人の記憶に焼き付いているか、ご存じないのではないでしょうか。

池上　日本軍によるフィリピン侵攻作戦で、バターン半島でアメリカ軍が降伏し、捕虜となったアメリカ兵に収容所までの道のりを歩かせ、多くの死者が出た事件です。死の行進をさせられた、という意味でこう呼ばれています。

パックン　捕虜たちは120キロメートルもの距離を、歩いて移動させられた。バターンはアメリカ人にとって、今でも超有名な地名です。

▶ 情けに訴えてスタンディングオベーションを誘う

パックン　最後にキャロル・キングの曲で締めたのには驚きましたね。歌わないでくれたからよかったですが（笑）。そして3.11に触れて聴衆の情けに訴えている。震災後の米軍による支援（トモダチ作戦）を思い出させ、キャロル・キングの歌にあるとおり、あなたたちは私たちのトモダチなんだ、と。とてもベタですが、きれいな終わり方です。僕は政治理念では安倍さんと意見が異なるところが多いものの、この演説はかなりお手本にできると思いますね。

池上　硫黄島の戦いにおいて敵同士だった、米軍の海兵隊大尉と栗林忠道将軍の孫が隣同士に座っていることを挙げて、あの戦争から今やこんなに平和になっていると示しているのも見事です。日本語では「いおうとう」と読みますが、ちゃんとアメリカ風に Battle of Iwo Jima とも発音しているところも、にくいなと思います。

パックン　ストーリーを伝えるには、ディテールが重要です。その2人の名前に言及するだけでなく、実際にそこに本人が座っていて顔が見えることで、硫黄島の戦いがリアルに迫ってきます。

池上　アメリカ議会の演説では、近くの席に関係者を座らせておいて、途中で紹介し、その人が立ち上がるとスタンディングオベーションが起きるというのが定番ですが、この演説でもそれをうまく使っていましたね。

パックン　そうなんです。トランプ大統領は大統領選のテレビ討論会で、対抗するヒラリー・クリントンの夫、ビル・クリントンに性的暴行を受けたと告発した女性を

呼んでいました。そういう攻撃的な使い方もできる技です。

池上　そういえば、その討論会を一緒に取材しましたね、私たち。

パックン　そうでした。ともあれ、安倍さんのこのスピーチは、数々の演説テクニックを駆使した名スピーチと僕は評価しています。

【日本語訳抜粋】

　議長、副大統領、上院議員、下院議員の皆様、ゲストと、すべての皆様、1957 年 6 月、日本の総理大臣としてこの演台に立った私の祖父、岸信介は、次のように述べて演説を始めました。

　「日本が、世界の自由主義国と提携しているのも、民主主義の原則と理想を確信しているからであります」。

　以来 58 年、このたびは上下両院合同会議に日本国総理として初めてお話する機会を与えられましたことを、光栄に存じます。お招きに、感謝申し上げます。

　申し上げたいことはたくさんあります。でも、「フィリバスター」をする意図、能力ともに、ありません。

　……中略……

　私個人とアメリカとの出会いは、カリフォルニアで過ごした学生時代にさかのぼります。

　家に住まわせてくれたのは、キャサリン・デル - フランシア夫人。寡婦でした。亡くした夫のことを、いつもこう言いました、「ゲイリー・クーパーより男前だったのよ」と。心から信じていたようです。

　ギャラリーに、私の妻、昭恵がいます。彼女が日頃、私のことをどう言っているのかはあえて聞かないことにします。

　……中略……

　私の苗字ですが、「エイブ」ではありません。アメリカの方に時たまそう呼ばれると、悪い気はしません。民主政治の基礎を、日本人は、近代化を始めてこのかた、ゲティスバーグ演説の有名な一節に求めてきたからです。

　農民大工の息子が大統領になれる——、そういう国があることは、19 世紀後半の日本を、民主主義に開眼させました。

　日本にとって、アメリカとの出会いとは、すなわち民主主義との遭遇でした。出会いは 150 年以上前にさかのぼり、年季を経ています。

　先刻私は、第 2 次大戦メモリアルを訪れました。神殿を思わせる、静謐な場所でした。耳朶を打つのは、噴水の、水の砕ける音ばかり。

　一角にフリーダム・ウォールというものがあって、壁面には金色の、4000 個を超す星が埋め込まれている。

　その星一つ、ひとつが、斃れた兵士 100 人分の命を表すと聞いたとき、私を戦慄が襲いました。

　金色の星は、自由を守った代償として、誇りのシンボルに違いありま

せん。しかしそこには、さもなければ幸福な人生を送っただろうアメリカの若者の、痛み、悲しみが宿っている。家族への愛も。

真珠湾、バターン・コレヒドール、珊瑚海……、メモリアルに刻まれた戦場の名が心をよぎり、私はアメリカの若者の、失われた夢、未来を思いました。歴史とは実に取り返しのつかない、苛烈なものです。私は深い悔悟を胸に、しばしその場に立って、黙禱を捧げました。

親愛なる、友人の皆さん、日本国と、日本国民を代表し、先の戦争に斃れた米国の人々の魂に、深い一礼を捧げます。とこしえの、哀悼を捧げます。

みなさま、いまギャラリーに、ローレンス・スノーデン海兵隊中将がお座りです。70年前の2月、23歳の海兵隊大尉として中隊を率い、硫黄島に上陸した方です。近年、中将は、硫黄島で開く日米合同の慰霊祭にしばしば参加してこられました。こう、仰っています。

「硫黄島には、勝利を祝うため行ったのではない、行っているのでもない。その厳かなる目的は、双方の戦死者を追悼し、栄誉を称えることだ」

もうおひとかた、中将の隣にいるのは、新藤義孝国会議員。かつて私の内閣で閣僚を務めた方ですが、この方のお祖父さんこそ、勇猛がいまに伝わる栗林忠道大将・硫黄島守備隊司令官でした。

これを歴史の奇跡と呼ばずして、何をそう呼ぶべきでしょう。熾烈に戦い合った敵は、心の紐帯が結ぶ友になりました。スノーデン中将、和解の努力を尊く思います。ほんとうに、ありがとうございました。

……中略……

まだ高校生だったとき、ラジオから流れてきたキャロル・キングの曲に、私は心を揺さぶられました。

「落ち込んだ時、困った時、……目を閉じて、私を思って。私は行く。あなたのもとに。たとえそれが、あなたにとっていちばん暗い、そんな夜でも、明るくするために」

2011年3月11日、日本に、いちばん暗い夜がきました。日本の東北地方を、地震と津波、原発の事故が襲ったのです。

そして、そのときでした。米軍は、未曾有の規模で救難作戦を展開してくれました。本当にたくさんの米国人の皆さんが、東北の子供たちに、支援の手を差し伸べてくれました。

私たちには、トモダチがいました。

被災した人々と、一緒に涙を流してくれた。そしてなにものにもかえ

られない、大切なものを与えてくれた。

　——希望、です。

　米国が世界に与える最良の資産、それは、昔も、今も、将来も、希望であった、希望である、希望でなくてはなりません。

　米国国民を代表する皆様。私たちの同盟を、「希望の同盟」と呼びましょう。アメリカと日本、力を合わせ、世界をもっとはるかに良い場所にしていこうではありませんか。

　希望の同盟——。一緒でなら、きっとできます。

　ありがとうございました。

第 2 部
迫害と希望

10 マーチン・ルーサー・キング
「I have a dream（私には夢がある）」
1963 年 8 月 28 日@ワシントン D.C. リンカーン記念堂

▶ 演説の金字塔

池上　これは日本の中学校の英語の教科書にも必ず出てくる名演説です。

パックン　本当に素晴らしい演説ですからね。日本の教科書では、言葉遣いに注目するのですか、それとも人物と歴史に焦点を当てるのでしょうか。

池上　教師の教え方によると思います。公民権運動に大きな影響を与えたキング牧師の有名な演説です、と紹介されたあとは、個々の先生の力量にかかってきますね。

パックン　なるほど。これは本当に世界を変えた、歴史的にも注目すべき演説ですし、レトリックとしても金字塔と言えます。

池上　1963 年 8 月 28 日、人種差別撤廃を求める運動として、デモ行進「ワシントン大行進」が首都ワシントン D.C. で行われました。20 万人以上が参加したと言われています。キング牧師がこの運動のリーダー的役目を果たしており、行進の最中にリンカーン記念堂の階段上で行われたのがこの演説です。

パックン　はい。最も有名な「I have a dream」の一節は、同じ舞台にいたゴスペル歌手、マヘリア・ジャクソンが「夢の話をしてよ」と促したことで生まれたらし

いのです。

池上　そうなんだ。

パックン　もともと話す予定ではなかったこの部分が加わって、「I have a dream」演説として知られるようになったんです。もちろん、そこがなくても素晴らしい演説であることに変わりはないのですが。

マーチン・ルーサー・キング
(1929—68)；ロイター＝共同

　まず、同じ構成を繰り返すテクニックが何度か使われています。We can never be satisfied（我々は決して満足しない）を繰り返し、満足することができない理由を列挙します。我々は警察の、言語に絶する恐ろしい残虐行為の犠牲者である限り、モーテルやホテルで休むことを許されない限り、ゲットー間でしか移動できない状態が続く限り、ミシシッピ州の黒人が投票できず、ニューヨーク州の黒人が投票しても無駄だと思っている限り……。黒人がおかれていた苦しい環境を描写し、運動を呼びかけるこの部分だけでも非常に強いですよね。

　最後の締めも美しい。

We will not be satisfied until justice rolls down like waters, and righteousness like a mighty stream.（正義が河水のように流れ下り、公正が力強い急流となって流れ落ちるまで、私たちは決して満足することはないだろう。）

この最後のjustice rolls down like waters, and righteousness like a mighty streamは、聖書からの一文ですね。マーチン・ルーサー・キングは牧師としてよく引用する聖書の文章があり、それらを組み合わせて説教を作ることが多かったのですが、この演説は4日間もかけてじっくり考えたそうです。そのせいか、他の演説より構成が美しく、言葉遣いも洗練されています。ここではミシシッピ州の話をした直後に、川の比喩表現を組み合わせている。感動的な流れになっています。

池上　非常に皮肉なことに、ミシシッピ州の辺りでは最近また、黒人が投票しにくくなる、現代版ジム・クロウ法と言えるような法律を共和党が作っていますからね。ジム・クロウ法というのは、1960年代まで存在した、人種差別的内容を含む州法の総称です。南部諸州で見られました。

パックン　そうなんです。このあと第11章で紹介するマルコムXが頑張って1965年に獲得した投票権法（Voting Rights Act）も、2013年に保守派が過半数を占めた最高裁の判決で形骸化されてしまいました。判決の理由は、人種差別が減った現代においては、連邦政府が管理しなくても、各州が差別的な投票制度を作るとは思えないということだったのですが、結果的にはその直後、南部の州が次々と差別的な抑圧のための制度を作り始めてしまっています。

　例えば、最高裁の判決が発表されたその日にテキサス州が、投票するのに写真付きの身分証明書を義務付ける法律を施行した。判決から2カ月後にはノースカロライ

ナ州も、身分証明書の開示を義務付けた上、投票日当日の有権者登録を廃止し、期日前投票の期間を短くし、間違った投票所での投票を無効にする法律を通しました。ほかにもフロリダ、ジョージア、アーカンソーなど、南部の州、そして、南部以外でもアイオワやモンタナなど、主に共和党が州政府を牛耳っている州で、郵便投票や他人の記入済みの代理投票を規制したり、都市部での投票所を減らしたりしています。

　これらはどれも投票を少しずつ面倒くさくする政策だから「投票抑制策」と呼ばれますが、有権者への影響は対等ではないです。マイノリティや低所得者、若者は車を持つ確率が低い。運転免許がないと身分証明書の開示が難しい。また、彼らは投票日に仕事を休めないから、期日前投票や郵便投票を利用する確率が高い。事前に登録する時間もないから当日登録もよく使うし、急いでいるから間違った投票所に行くこともある。投票所に行けないなら他人に記入済みの投票用紙を渡して代わりに投票してもらうこともある。都市部に住んでいる割合も多くて、投票所の数が減ると、投票所が遠くなるし混むし、諦める人が増える。

　こういった作用があるから、投票抑制策は偏ってマイノリティ、若者、低所得者、都市部の方々の投票を減らす効果があります。そして、マイノリティ、若者、低所得者、都市部に住んでいる方々はいずれも民主党支持者である確率が高いのです。彼らの票を減らせると共和党に有利なわけ。とてもずる賢いやり方ですね。

▶ アメリカ人全員から慕われるエトスの持ち主

池上　先ほど話に出たように演説が行われたのはリンカーン記念堂の前ですが、冒頭でそれに触れている一節で、引き込まれます。「100年前、ある偉大なアメリカ人が、奴隷解放宣言に署名した。今私たちは、その人を象徴する坐像の前に立っている」と、リンカーンの名前をいっさい出すことなく、誰もがリンカーンに思いを馳せるように導いています。

パックン　うまいですね。そして冒頭の「Five score years ago」は、日本語では「100年前」と単に訳されると思うのですが、アメリカ人にとっては、ここを聞いただけで全員リンカーンを思い出す部分なんです。リンカーンといえばゲティスバーグ演説ですが、わずか2分程度しかなくて、子どもたちは学校で暗唱して覚える、演説大国アメリカでも一番有名な演説です。そのゲティスバーグ演説の始まりが、「Four score and seven years ago」（87年前）なんです。score は20年を表す、今では滅多に使われない単位語です。その珍しい単位をリンカーンへのオマージュとして使っているから、うまい！　となるんです。

池上　なるほど。日本語でただ「100年前」と言ってしまうと、そのニュアンスは伝わりませんね。

パックン　それはもったいないなあと思います。リンカーンは黒人だけではなく白人などあらゆる人種に尊敬されているので、リンカーンに便乗すればアメリカ人全体を惹き込むことができます。見事なエトステクニックです。

池上　ちなみにこのリンカーン記念堂のキング牧師が演説した階段には、記念のプレートが刻み込まれています。上から数段降りたところに「ここにマーチン・ルーサー・キングが立って演説をした」と書いてある。そこに実際に立ってみると、モールが一望でき、遠くには連邦議会も見える。ここに100万人の人たちが集まっていたのか、と想像すると歴史上の出来事への理解も深まる気がします。

パックン　そこに立ってみたいですね。キング牧師は演説のレトリックが見事だっただけでなく、聴衆の動員数でも抜きん出ていたし、非暴力運動の行動も徹底していました。祭日としてマーティン・ルーサー・キング・デーができたのは、白人にも慕われていたからです。

池上　今でも、全国で祝われているのですね。

▶ 一般人の生活と独立宣言を結びつける

パックン　そしてこの演説は、冒頭に合衆国憲法や独立宣言といった、米国民全員を対象にした国の基礎になるものを引き合いに出しています。これらはいわば最強アイテムです。

When the architects of our republic wrote the magnificent words of the Constitution and the Declaration of Independence, they were signing a promissory note to which every American was to fall heir. This note was a promise that all men, yes, black men as well as white men, would be guaranteed the "unalienable Rights" of "Life, Liberty and the pursuit of Happiness."（私たちの共和国の建国者たちが憲法と独立宣言の壮大な言葉を書いたとき、彼らはすべてのアメリカ人が継承することになる約束手形に署名していたのです。この約束は、すべての人々、白人と同じく黒人も、生命、自由、幸福の追求という不可侵の権利が保障されるというものでした。）

「すべての人々、白人と同じく黒人も」と追加した部分は、アドリブでした。憲法と独立宣言のことを「約束手形」と喩えているのもおもしろい工夫です。

池上　続きの部分では、「小切手を換金するためにここに来ている」という言い方もしています。約束手形というのは、商売において、現金決済をせず、3カ月後とか6カ月後に支払いますという約束を証明する小切手のようなものです。約束手形を受け取った側が銀行に行ってお金に換えるのですが、そのとき発行者の預金残高が足りないと、不渡りになる。

パックン　憲法や独立宣言の意図に反して黒人たちが差別され、権利を得ていないことを、「黒人に与えられたのは『残高不足』の印をつけられた不渡りの小切手である」と表現しています。日本の方たちには、残高不足で約束手形が跳ね返ってくる経験があまりないんじゃないでしょうか。

池上　中小の業者は年中経験していると思いますよ。

パックン　確かに！　でも会社の人ですよね。アメリカは小切手文化なので、一般市民が近所のスーパーマーケットでパンを買おうとして小切手が跳ね返ってくるような場面もしょっちゅうあります。日常なのです。

池上　なるほど、「小切手」と聞けばニュアンスが誰にでも伝わるわけですね。確かに日本の場合、一般の人はクレジットカードは使っても約束手形は使いませんからね。この言い方は、アメリカならではというわけだ。

パックン　そうなんです。貧乏育ちの僕も小切手を切るたびにドキドキしたし、聴衆も何回か跳ね返りの経験をしているはずです。高尚な独立宣言と、低所得者の日常生活をリンクさせるテクニックとしてもすばらしいです。さらに、「正義の銀行が破綻しているとも、この国の機会という金庫に残高がないとも信じない」と言って、運動への連帯を呼びかける。希望の取り組みにつなげていきます。

池上　うまいですね。

パックン　その他、sweltering summer の s 音の連発とか、The whirlwinds of revolt will continue to shake the foundations of our nation until the bright day of justice emerges.（正義の明るい日が出現するまで、反乱の旋風はこの国の土台を揺るがし続けるだろう）の比喩表現など、どこを切り取っても参考になります。

▶黒人の苦悩を下敷きに、人々の心を揺り動かすレトリック

パックン　でもなんと言っても注目したいのはやはり、有名な「私には夢がある」のくだりです。すべてを物語として伝えているのがとにかく素晴らしいのです。ストーリーの基本は、場所と背景、シチュエーションがあり、登場人物がはっきりしていて、なんらかの変化が起

きることです。

　「私には夢がある。いつの日か、ジョージア州の赤土
の丘で、かつての奴隷の子孫とかつての奴隷所有者の子
孫が、同胞として同じテーブルを囲む日がくるという夢
である。」

　たった1文の中にストーリーを感じますよね。そうし
た小さな物語の組み合わせでこの夢のくだりはできてい
ます。最も有名なのは、

I have a dream that my four little children will
one day live in a nation where they will not be
judged by the color of their skin but by the content
of their character.（私には夢がある。いつの日か、私
の4人の幼い子どもたちが、肌の色によってではなく、
人格そのものによって評価される国に住むという夢であ
る。）

です。この文の素晴らしさは内容だけでなく、color、
content、character と c の音が連発する響きの良さに
もあります。character の前に content がないと、こ
こまでしっくりこない。いかに周到に練られた演説かと
いうことがわかります。

池上　なるほど。

パックン　もう1つ、最後の部分に出てくる「My
country 'tis of thee」は、アメリカ合衆国の愛国歌の
1つなんです。アメリカには準国歌的な曲がいくつかあ
るのですが、この歌は「星条旗」が採用されるまで事実
上、アメリカの国歌として歌われていました。その歌詞
を引用しています。

"My country 'tis of thee, sweet land of liberty, of thee I sing. Land where my fathers died, land of the Pilgrim's pride, From every mountainside, let freedom ring!"（「わが祖国よ 最愛の自由の国を讃えて歌おう。父祖の眠る地、ピルグリム・ファーザーズの誇りの地、すべての山々から、自由を響かせよ！」）

　この歌詞の一節「let freedom ring」を連続して使い、ニューハンプシャー、ニューヨーク、ペンシルベニア、コロラド、カリフォルニア、ジョージア、テネシー、ミシシッピ……と全国の地名を入れて「○○からこの自由が響きますように」と列挙している。聴衆は、自分の地方が出てきたらワッと盛り上がりますよね。日本でもご当地ソングが定期的にオリコンチャートに入るように。

　この全国民が知る、白人の大好きな愛国歌「My country 'tis of thee」に加え、最後に黒人霊歌にも言及しています。黒人が非常に大切にしている霊歌を入れて、

"Free at last! Free at last! Thank God Almighty, we are free at last!"（「ついに自由になった！　ついに自由になった！　全能の神に感謝する。我々はついに自由になったのだ！」）

と締めている。ものすごく美しいですね。

池上　この黒人霊歌の「Free at last」（ついに自由になった）は、黒人の葬儀でも歌われていますよね。つまり、現世においてはまったく自由ではなかった黒人が、神に召されたことでようやく自由になったんだ、これは

喜ばしいことなんだ、と。ニューオーリンズ辺りでは、葬列でこの歌を賑やかに明るく歌います。

パックン　そうなんですね。歌い出しに「墓場を歩きながら」という歌詞もあります。キング牧師が現世のことにこの曲のフレーズを使っているのはおもしろいですね。

池上　「ついに自由になった」というのは、死なずとも、現世において自由を獲得しようという願望を表すレトリックになっているのでしょうね。

パックン　死ぬまで自由はない、という奴隷の歴史を踏まえているからこそ響く部分です。

▶ 3つの意味で世界を動かした演説

パックン　池上さんは、この演説やマーチン・ルーサー・キングはどう世界を動かしたと思いますか？

池上　この演説がきっかけとなって公民権運動が高まり、アメリカ社会を大きく変えたこと、アメリカという国でいかに黒人差別が続いていたかを世界に知らしめたこと、そして言葉の力によって人々の心を揺り動かし、不可能だと思っていたことを成し遂げることができるんだと証明し、人々に勇気を与えたこと。この3つの点で、世界を動かしたと思います。

パックン　まさにその通りです。非暴力運動を貫いたキング牧師は知的で紳士的であると、白人社会からも高く評価されていました。誰からも好かれるキャラクターは、このあと紹介するマルコムXとは対照的です。

池上　エドガー・フーヴァー率いるFBIはキングの電

話をずっと盗聴していましたよね。

パックン　そうなんです。FBIはキング牧師を潰したくて執拗に追跡し、不倫を暴露したりもしている。あれほどの話術の名手なら、モテないはずはないですが。

　次に紹介するマルコムXの演説では、キング牧師を名指しはしないものの、わかりやすく批判しているので、その対比もまたおもしろいと思います。

【原文抜粋】

(演説の後半部分より。本文解説で取り上げた部分に下線を付した)

……冒頭略……

There are those who are asking the devotees of civil rights, "When will you be satisfied?" <u>We can never be satisfied</u> as long as the Negro is the victim of the unspeakable horrors of police brutality. <u>We can never be satisfied</u> as long as our bodies, heavy with the fatigue of travel, cannot gain lodging in the motels of the highways and the hotels of the cities. <u>We cannot be satisfied</u> as long as the negro's basic mobility is from a smaller ghetto to a larger one. <u>We can never be satisfied</u> as long as our children are stripped of their self-hood and robbed of their dignity by sign stating: "For Whites Only." <u>We cannot be satisfied</u> as long as a Negro in Mississippi cannot vote and a Negro in New York believes he has nothing for which to vote. No, no, <u>we are not satisfied</u>, and <u>we will not be satisfied until justice rolls down like waters, and righteousness like a mighty stream.</u>

I am not unmindful that some of you have come here out of great trials and tribulations. Some of you have come fresh from narrow jail cells. And some of you have come from areas where your quest -- quest for freedom left you battered by the storms of persecution and staggered by the winds of police brutality. You have been the veterans of creative suffering. Continue to work with the faith that unearned suffering is redemptive. Go back to Mississippi, go back to Alabama, go back to South Carolina, go back to Georgia, go back to Louisiana, go back to the slums and ghettos of our northern cities, knowing that somehow this situation can and will be changed.

Let us not wallow in the valley of despair, I say to you today, my friends-so even though we face the difficulties of today and tomorrow, <u>I still have a dream</u>. It is a dream deeply rooted in the American dream.

<u>I have a dream</u> that one day this nation will rise up and live out the true meaning of its creed: "We hold these truths to be self-evident, that all men are created equal."

<u>I have a dream that one day on the red hills of Georgia, the sons of former slaves and the sons of former slave owners will be able to sit</u>

down together at the table of brotherhood.

I have a dream that one day even the state of Mississippi, a state sweltering with the heat of injustice, sweltering with the heat of oppression, will be transformed into an oasis of freedom and justice.

I have a dream that my four little children will one day live in a nation where they will not be judged by the color of their skin but by the content of their character.

I have a dream today!

I have a dream that one day, down in Alabama, with its vicious racists, with its governor having his lips dripping with the words of "interposition" and "nullification" -- one day right there in Alabama little black boys and black girls will be able to join hands with little white boys and white girls as sisters and brothers.

I have a dream today!

I have a dream that one day every valley shall be exalted, and every hill and mountain shall be made low, the rough places will be made plain, and the crooked places will be made straight, and the glory of the Lord shall be revealed and all flesh shall see it together.

This is our hope, and this is the faith that I go back to the South with.

With this faith, we will be able to hew out of the mountain of despair a stone of hope. With this faith, we will be able to transform the jangling discords of our nation into a beautiful symphony of brotherhood. With this faith, we will be able to work together, to pray together, to struggle together, to go to jail together, to stand up for freedom together, knowing that we will be free one day.

And this will be the day -- this will be the day when all of God's children will be able to sing with new meaning:

"My country'tis of thee, sweet land of liberty, of thee I sing.

Land where my fathers died, land of the Pilgrim's pride,

From every mountainside, let freedom ring!"

And if America is to be a great nation, this must become true.

And so let freedom ring from the prodigious hilltops of New Hampshire.

Let freedom ring from the mighty mountains of New York.

Let freedom ring from the heightening Alleghenies of Pennsylvania.
Let freedom ring from the snow-capped Rockies of Colorado.
Let freedom ring from the curvaceous slopes of California.
But not only that:
Let freedom ring from Stone Mountain of Georgia.
Let freedom ring from Lookout Mountain of Tennessee.
Let freedom ring from every hill and molehill of Mississippi.
From every mountainside, let freedom ring.

And when this happens, when we allow freedom ring, when we let it ring from every village and every hamlet, from every state and every city, we will be able to speed up that day when all of God's children, black men and white men, Jews and Gentiles, Protestants and Catholics, will be able to join hands and sing in the words of the old Negro spiritual:

"Free at last! Free at last!
Thank God Almighty, we are free at last!"

【演説要旨】

　100年前、ある偉大なアメリカ人が、奴隷解放宣言に署名した。今私たちは、その人を象徴する坐像の前に立っている。この極めて重大な布告は、冷酷な不正義の炎でその身を焼かれていた何百万もの黒人奴隷たちにとって、大いなる希望の灯標となった。しかし100年を経た今日、黒人は依然として自由ではない。依然として黒人の生活は、人種隔離の手かせと人種差別の鎖によって縛られている。

　私たちの共和国の建国者たちが憲法と独立宣言の壮大な言葉を書いたとき、彼らはすべてのアメリカ人が継承することになる約束手形に署名していた。この約束は、すべての人々、白人と同じく黒人も、生命、自由、幸福の追求という不可侵の権利が保障されるというものだった。今日の米国は、明らかに黒人市民に対してだけ義務を怠り、黒人に与えられたのは「残高不足」の印をつけられた不渡りの小切手である。

　だが正義の銀行が破綻しているとも、この国の機会という金庫に残高がないとも信じない。だから私たちは、自由という富と正義という保障を約束する小切手を換金しにここへ来たのだ。今こそ、民主主義の約束を現実にする時である。今こそ、私たちの国を、人種差別の泥沼から兄弟愛の揺るぎない岩盤の上へと引き上げる時である。

1963 年は、終わりではなく始まりである。黒人に公民権が与えられるまでは、米国には安息も平穏も訪れることはない。正義の明るい日が出現するまで、反乱の旋風はこの国の土台を揺るがし続けるだろう。

　黒人社会に生まれた新たな闘志が、すべての白人に対する不信になってはならない。多くの白人の同胞は、この場にいることでわかるように、白人と黒人の自由が密接に結びついていることを理解しているからである。私たちはひとりで歩くことはできない。歩くからには、常に前進することを誓う。後戻りはできないのだ。

　公民権運動に取り組む人々に対し、「君たちはいつになったら満足するのか」と聞く人がいる。言葉にできないほど残虐な警察暴力で黒人が犠牲になっている限り、私たちは決して満足することはできない。私たちは、旅に疲れた重い体を町のホテルで休めることを許されない限り、決して満足することはできない。私たちは、黒人の移動範囲が限定されている限り、満足することはできない。私たちは、私たちの子どもたちが、「白人専用」という標識によって、人格をはぎとられ尊厳を奪われている限り、決して満足することはできない。ミシシッピ州の黒人が投票できず、ニューヨーク州の黒人が投票しても無駄だと考えている限り、決して満足することはできない。正義が河水のように流れ下り、公正が力強い急流となって流れ落ちるまで、私たちは決して満足することはないだろう。

　絶望の谷間でもがくことをやめよう。友よ、私たちは今日も明日も困難に直面するが、それでも私には夢がある。それは、アメリカの夢に深く根ざした夢である。

　私には夢がある。いつの日かこの国が立ち上がり、「すべての人間は平等に創造されたということを自明の真理とする」という信条を、真の意味で実現するという夢である。

　私には夢がある。いつの日か、ジョージア州の赤土の丘で、かつての奴隷の子孫と奴隷所有者の子孫が、同胞として同じテーブルを囲む日が来るという夢が。

　私には夢がある。いつの日か、不正と抑圧の炎熱で焼けつかんばかりのミシシッピ州でさえ、自由と正義のオアシスに変わるという夢である。

　私には夢がある。いつの日か、私の 4 人の幼い子どもたちが、肌の色によってではなく、人格そのものによって評価される国に住むという夢である。

これが私たちの希望である。この信念を抱いて、私は南部へ帰ろう。この信念があれば絶望の山からも希望の石を切り出すことができる。この信念があれば、この国の不快な不協和音を友愛の美しい交響曲に変えることができる。この信念があれば、私たちは、いつの日か自由になると信じて、共に働き、共に祈り、共に闘い、共に牢獄に入り、共に自由のために立ち上がることができるだろう。

　まさにその日にこそ、すべての神の子たちが、新しい意味を込めて、こう歌うことができるだろう。「わが祖国よ、最愛の自由の国を讃えて歌おう。父祖の眠る地、ピルグリム・ファーザーズの誇りの地、すべての山々から、自由を響かせよ！」

　そして、米国が偉大な国家たらんとするならば、実現するだろう。だからこそ、ニューハンプシャーの美しい丘の上から、ニューヨークの雄大な山々から、ペンシルベニアのアレゲーニー山脈の高みから、コロラドの雪に覆われたロッキー山脈から、カリフォルニアのなだらかで美しい山々から、自由の鐘を鳴り響かせよう。ジョージアのストーン・マウンテンからも、テネシーのルックアウト・マウンテンからも、ミシシッピのあらゆる丘ともぐら塚からも、自由の鐘を鳴り響かせよう。あらゆる山々から自由の鐘を鳴り響かせよう。

　すべての町と村から、すべての州と都市から私たちが自由の鐘を鳴り響かせれば、その日の到来を早めることができる。黒人も白人も、ユダヤ人も非ユダヤ人も、プロテスタントもカトリックも、すべての神の子が手をとりあい、あの古い黒人霊歌を共に歌える日が来るのだ。「ついに自由になった！　ついに自由になった！　全能の神に感謝する。我々はついに自由になったのだ！」

11 マルコム X
「The Ballot or the Bullet（投票か弾丸か）」
1964年4月12日＠デトロイト、キング・ソロモン・バプテスト教会

▶ マルコム X の本名は？

池上　マルコム X は自称であり、本名はマルコム・リトルといいます。マルコム X と自称していること自体が黒人奴隷制度への反対表明になっているのです。つまり、アフリカから奴隷として連れてこられたときに勝手につけられた名前を代々名乗っているけれど、本来の自分の名字は違った

マルコム X（1925—65）；Underwood Archives／Universal Images Group ／共同

はずだ。でもそれが何だったかがわからない。そのわからなさを「X」とするという意味で、マルコム X と名乗っているということです。

パックン　最近のアフリカ系アメリカ人の間では、アフリカっぽいファーストネームにする動きも盛んになっています。日本で有名なところでは、NBA のレブロン・ジェームズ選手がそうですね。ジェームズはヨーロッパ由来の名字ですが、レブロンはアフリカのヨルバ語に由

来するもので、アメリカの白人文化にはない名前です。これまで他人の文化を押し付けられてきたけれど、自分は黒人である、その意思表示をしようと、ファーストネームを変える人が増えています。さすがに名字を1文字にする人はいませんが。

池上　アメリカの公民権運動は、狭義では1950年代に始まりました。有名なのは1955年、白人にバスの席を譲らなかったことでローザ・パークスがアラバマ州モントゴメリーで逮捕される事件がありました。事件を受けて公民権運動に火が付き、バスのボイコット運動が行われました。それを率いていたのが第10章で取り上げたキング牧師です。

パックン　この2人は本当に対照的。マーチン・ルーサー・キングは幸せな家庭で育った人でしたが、マルコムXは幼少期からつらい経験をしてきた人です。父親が亡くなり、母親が入院したことで施設や里親の家を転々とし、20代で刑務所に入っている。服役中にイスラムの運動組織ネーション・オブ・イスラムに参加するようになります。

　ネーション・オブ・イスラムは当時のアフリカ系アメリカ人の間で勢いのあった新宗教で、奴隷制度はキリスト教の副産物であるという考え方も生まれていました。黒人コミュニティの中でそうした宗教的対立が続いていたせいなのか、マルコムXはこの演説の序盤で、今日は宗教の話はしないと宣言しています。宗教の話を持ち出せば、黒人同士で喧嘩になってしまうからです。「宗教を個人と神のこととして自宅のクローゼットに置いてく

れば、我々は全員に共通する敵と戦えます」と、まず方向性を確認して話に入っていきます。

　マーチン・ルーサー・キングが白人にも人気だったのは、やはり彼がキリスト教徒だったからというのが大きいと思います。イスラム教と言うだけでアメリカの白人の多くは毛嫌いしがちです。それを緩和するためにも、冒頭でこう宣言したのではないかと思います。

▶ キングが牧師なら、マルコムXはボクサー？

パックン　この演説が行われた1964年は大統領選挙のある年です。「投票（権）か弾丸か（The Ballot or the Bullet）」というタイトルは、内容的にも音的にもすごくキャッチーです。

　彼がここで主張している「ブラック・ナショナリズム」とは、経済、教育、住宅など白人がコントロールしているすべてのことを、我々黒人も同じようにコントロールしようということです。白人は我々のコミュニティ内に店舗を作り、我々は顧客として奴らの経済を支えている状態だ。それよりは、自分たちの経済は自分たちだけで回して、白人に対して物乞いのように仕事を乞わないで済むようにしよう、と。非常に具体的です。こういうことをやりたい、そのためにはこういう戦略があるよとはっきり述べている。

　マーチン・ルーサー・キングが聖書を使った高尚なレトリックで人々の気持ちを高揚させたのに対し、マルコムXはジョークや皮肉、暴力的な表現を織り交ぜて、人々の怒りを煽ります。いずれもレトリックの達人です

が、その手法はまるで牧師とボクサーのように対照的で、どちらも聞いていてすごく面白い。

　特にマルコムXの演説は、お客さんの笑いを誘っているところが特徴的です。この1時間ほどの演説で、30〜40回は爆笑を取っていますね。お笑い芸人並みですよ。

You wouldn't be in this country if some enemy hadn't kidnapped you and brought you here. On the other hand, some of you think you came here on the Mayflower.（お前らは敵に拉致されて連れてこられなかったら、この国にはいないはずだよ。まあ、メイフラワー号に乗って来たと思っているやつもいるけど。）

　メイフラワー号は、1620年にイギリスから北米へと移住した白人のピルグリム（カルヴァン派の教徒）たちが乗ってきた船で、その乗客の子孫が今のアメリカのエリートになっていますが、当然黒人は誰も乗っていませんでした。そういうボケを入れているんです。

　そしてマーチン・ルーサー・キングの批判もしています。「私たちは政治的抑圧、経済的搾取、社会的劣化に苦しんでいる。20世紀の1964年に生きていて、『We Shall Overcome』を歌いながら行進するのは、政府に見捨てられてきた証拠だ」と。

池上　「We Shall Overcome」（勝利を我らに）は公民権運動のテーマ曲ですね。

パックン　マーチン・ルーサー・キングが率いた行進の参加者たちが歌っていた曲です。この曲名に言及することでキング牧師を暗示し、彼が率いた行進を批判して、「行進せざるを得ないのは、政府が失敗しているから

だ」とマルコムＸは言っているのです。

その後がさらに辛辣です。「お前らは歌ってるだけだから。それが悪いんだよ」と。ここは笑うところです。さらに「it's time to stop singing and start swinging」（歌うのはやめて、殴る時がきたんだ）と言うんです。singing と swinging の響きを並べているのが効果的です。スイングは腕を振るという意味。

池上　そうか。sing も swing も、音楽に関係があるのかな、と思ってしまいました。

パックン　なるほど。そっちのスウィングではないですね。その次に出てくる Cassius Clay（カシアス・クレイ）って誰のことかわかりますか？　これはイスラム名に改名する前のモハメド・アリ（1942―2016）です。つまり、まさにここでボクサーを出しているんです。

「いくら歌っても自由は手に入らないが、殴れば多少の自由は得られる」と言っています。

池上　そういうことか。

パックン　カシアス・クレイは歌も上手でしたが、世界チャンピオンになったのは殴るほう（ボクシング）ですからね。

▶ 人々の怒りを煽り、立ち上がらせる話術

パックン　従来の公民権運動も批判しています。

「座り込み哲学（sit-down/sit-in philosophy）のままじゃ座るだけ」と、シット・イン運動をもバカにしているんですよ。

池上　シット・イン（sit-in）は、当時の公民権運動の

重要な直接行動でした。先ほども言及しましたが、公民権運動自体が、ローザ・パークスの行動から始まっています。当時は人種分離制度によってあらゆる場所で、白人と黒人の使えるエリアが分けられていました。黒人は白人と同じ入り口からレストランに入れず、同じトイレも使えなかった。同じエリアに住むことも禁じられていました。座り込むことで抗議を表明する、非暴力的な抗議行動の一つです。

　1960年にはノースカロライナ州で、4人の黒人大学生が直接的な座り込み行動（シット・イン）に出ました。飲食店、ダイナーには白人席と黒人席があり、白人専用のカウンターに黒人たちが座って注文しようとしても、「ここは白人の席だから、お前らはあっちへ行け」と言われる。でもそこを決して動かず、注文が応じられるまで白人専用席に座り続けたのです。そのうち白人客たちがやってきて、頭から水をかけたり耳を引っ張ったりと、ひどい嫌がらせをしたけれど、それにもグッと耐えて、座り続ける。そうした座り込み運動のことを、マルコムXはバカにしているんですね。

パックン　その通りです。ちなみに chump という言葉もよく登場しています。臆病者とかバカ、間抜け、騙されやすい人といった意味です。「座るだけなら、年寄りでも chump でもできる。もう十分すぎるほど座ってきたのだから、今日こそ立ち上がり、戦おうぜ」と言って、拍手喝采を受けています。

池上　この対比がうまい。

パックン　そして政治の話に入ります。僕らはずっと騙

されている、と。

　「なぜ、1964年は投票か弾丸の年になりそうなのか。私たちはあまりにも長い間白人の嘘や偽りの約束に騙されてきて、うんざりしているからだ。黒人コミュニティに蓄積された不満は、ロシア人が作った原子爆弾よりも大きな爆発力を持っている。これはとても危険なものだ」と。マーチン・ルーサー・キングなら決して言わないような威嚇的な表現です。

　ほかにもマルコムXは、文章が刺激的で超面白いんです。「僕はミシガン州メイソンの白人学校に通っていたんだけど、僕に白人の歴史書を読ませたのは失敗だった」と。つまりそこで白人から学んだことを使って、これから白人たちを苦しませるからね、というわけです。さらに、黒人たちは共和党のみならず、味方だと思っていた民主党にも騙されているとか、2200万人の黒人が塊となって投票すれば大統領だって選べるんだとか。この力を武器に戦おうぜ、と言っている。

　面白いのは、気をつけろ、危ないぞ、とは言うものの、具体的な暴力を誘うような言葉は言っていないことです。銃を持って立ち上がれとか何かを爆破するぞとは言っていない。アメリカ建国の父パトリック・ヘンリーやジョージ・ワシントンの権威に便乗し、イギリスからの独立を勝ち取った彼らの姿を見習おう、と言っているだけなんです。

　しかし、彼の暴力的な言葉遣いが白人に嫌われて、マーチン・ルーサー・キングのような全国的ヒーローにはなれなかったんですよね。

▶ディキシークラットとレーガンデモクラット

池上　この演説のタイトル「The Ballot or the Bullet」はそもそも、「世の中のことは bullet（弾丸）ではなく、ballot（投票）で決めなければいけない」という民主主義の原則についての有名な言い回しが下敷きになっています。そういう言い回しがあることを前提に、いや、ballot か bullet か、それが問題なんだ、と言っているのですね。

パックン　この後 1960 年代から 70 年代まで、マルコムXの影響で、ブラックパンサー党という黒人民族主義運動や黒人解放闘争を行うグループが生まれましたが、黒人コミュニティの間では、平和主義、非暴力を貫くのか、それとも暴力も辞さない過激な公民権運動をするのか、長い間議論が続きました。

池上　1970 年には、ブラックパンサー党と FBI の間では銃撃戦も起きています。FBI はこの事件以外にもしばしば弾圧を加えました。

パックン　ありましたね。実はこのマルコムXの演説の直後、ずっと審議されていた公民権法が議会を通過しました（1964 年公民権法）。リンドン・ジョンソン大統領の与党、民主党が出した法案ですが、不思議にも、ぎりぎりまで黒人の味方だったはずの民主党の中にフィリバスターして採決を妨害していた議員もいました。

　演説の中でも、「ああいう人はデモクラット（民主党）ではなく、ディキシークラット（Dixiecrat）だ」と揶揄されています。ディキシーとは南部の愛称です。ディキシークラットとは南部主義、つまり人種分離主義

のデモクラット（民主党員）ということ。この演説ではっきり彼らを批判したことが圧力となって、人種差別を禁止する公民権法が成立したのではないかという気がします。

池上　それで思い出したのが、レーガンデモクラットです。民主党と聞くと、黒人やマイノリティ、弱い者の味方というイメージを抱きがちですが、当時の民主党は、北部と南部とで考え方がまったく異なっていました。南部の民主党は極めて保守的で、黒人差別を平然と認めるような党員が多かった。マルコムＸはそのことを批判しているのです。

　それを利用したのが、レーガンです。レーガンは大統領選の際、南部民主党の保守的な連中をごっそり共和党に鞍替えさせれば当選できると考え、そう仕向けた。南部の民主党員がみんな共和党員になった結果、共和党が急激に勢力を伸ばして、レーガンは当選した。こうしてレーガンの指導によって鞍替えした民主党の連中は、レーガンデモクラットと呼ばれました。今も民主党員には保守的な人もいますが、全体としては民主党は今のように北部も南部もリベラルな党になったというわけです。

パックン　そうなんです。1950年代までは、南部はサザンブロックといって、何があっても民主党に票を入れてくれる強い味方だったんです。この当時も民主党は両院で３分の２以上の議席を持っていた。今では考えられない割合です。下院は民主党が257議席、共和党が177議席。上院では定数100名のうち67議席が民主党。もうやりたい放題です。大統領も民主党ですから、公民権

法を通そうと思えばいくらでもできるのに、やらないのはどういうことだ、と。

　おっしゃるとおり、レーガンまでに南部は民主党から共和党にシフトしたのですが、そのきっかけはレーガンというよりも、この時代のケネディやリンドン・ジョンソンが作ったと言えるかもしれませんね。というのも、公民権法は、南部の白人至上主義の人たちが反対していた法律です。それを民主党が通せば、南部の民主党員が共和党になびくのは自然な流れですから。

　共和党は人種問題を煽り、南部の白人たちを引き込もうとする Southern Strategy（南部作戦）は 1960 年代後半から始まりましたが、レーガンがうまかったのは白人至上主義の考えを持つ人が強く反応する、暗号的なコミュニケーション術。いわゆる犬笛ですね。

池上　トランプがよく使う犬笛ね。犬笛とは、犬にしか聞こえない周波数の音が出る笛のこと。トランプの支持者には、彼がこう言ったら、白人至上主義的な行動を起こせという合図だとわかる。これも犬笛。

パックン　1980 年、レーガンが大統領選の予備選挙で共和党候補に決まったあと、ミシシッピ州フィラデルフィアにおける演説で訴えた「州の権利」も、南部の人たちにとっての犬笛でした。

　そもそも南北戦争は、奴隷制の有無を州ごとに決められるようにしたかった南部と、アメリカは 1 つの国だから全国的に奴隷制を廃止したかった北部との対立でした。州の権利を訴えると白人至上主義者が喜びます。さらに、レーガンが演説を行ったフィラデルフィアは、

1964年に白人至上主義団体KKK（クー・クラックス・クラン）が3人の公民権運動家を殺害するという事件が起こった場所です。そこで人種分離主義のほうがよかったと思っている南部の白人至上主義者たちが「州の権利」を聞けば、「それね」と即座に反応する、犬笛ワードなのです。

池上　なるほど、だからこのとき民主党員がごっそり共和党に行ったと。その結果、連邦議会でも民主党と共和党が伯仲するようになったわけですね。

パックン　そうなんです。でもマルコムXが言う通り、確かに黒人が全員どちらかに票を入れれば、政治を変えられるはずなのですが、今でも1つの塊として政治力を発揮できてはいないのが実情です。

▶ 公民権運動は終わっていない

パックン　ちなみにマルコムXはこの演説で、「白人はもう戦場で勝つことはできない。米なんか食べている稲作農民に朝鮮半島から追い出されたんだ。運動靴でライフルと飯を盛った茶碗しか持たない相手に、戦車もナパーム弾も何もかも奪われて。」と言い、つまり彼らでさえ白人には勝てるという意味で言っているんですが、これ日本の方にはどう聞こえますか？

池上　すごい言い方だな、これは。

パックン　アジア人から見れば非常に差別的な発言ですよね。つまり、差別されている側に差別意識がないとは言えません。

池上　非常に難しいところですね。差別されている側に

も差別意識があることが、この発言からは読み取れます。

パックン　最近は変わってきていますが、少し前までの米国の世論調査ではLGBTQの権利を認めたいと思っている人は、黒人より白人のほうが多くいました。黒人は、自分たちへの差別には激怒するのに、性的マイノリティへの差別を許していたということです。

　ともあれ、アメリカの黒人たちが公民権を勝ち取ることができたのは、マーチン・ルーサー・キングの高尚なレトリックとマルコムXの攻撃的なレトリック、両者が組み合わさったからではないか。両方が必要だったのだと思います。

池上　同感です。彼らの両方の演説は、いずれも世界の歴史を変えたと認定できると思います。

パックン　公民権法（Civil Rights Act）は1964年に通っているし、学校や就職における積極的差別是正措置（アファーマティブ・アクション）も彼らの演説があった1960年代から始まっていましたが、それから60年経とうとしているのに公民権運動が完全に終わったかと言えば、今でも終わってはいません。

　マーチン・ルーサー・キングは1968年に、マルコムXは1965年に暗殺されてこの世を去りましたが、今2人が生きていたとしても、現在のアメリカ社会に満足はしないでしょう。

池上　公民権運動以降、アメリカでは「アファーマティブ・アクション」が各所で実施されます。たとえば大学入試では、黒人が入りやすくしました。「積極的差別撤

廃」と訳されますが、2023年6月、連邦最高裁はアファーマティブ・アクションを憲法違反と断じます。肌の色で合否を決めてはいけない、個人の能力で決めよと言ったのですが、これで再び黒人の大学進学率が低下するのではないかと言われています。

パックン　黒人は今でも白人の4倍の確率で逮捕されるし、訴追率も4倍、量刑も重い傾向が強いのが現状です。平均収入は白人の半分くらいだし、平均の保有資産は8分の1ほど。平均寿命も4〜5年短いし、幼児死亡率が約3倍高い。就職もしづらい。ある調査では、履歴書にラバンとかシャワンダなど「黒人っぽい」名前を書くだけで、書類審査を通る確率がぐんと下がることがわかりました。

池上　人種の格差が今も顕著だからこそブラック・ライブズ・マター（BLM）運動が2010年代から起こってきたのですね。履歴書と言えば、アメリカでは履歴書に顔写真の掲載添付を要請できないそうですね。顔写真で人種がわかってしまうから名前を記載するだけになったけど、それでも黒人っぽい名前の場合、書類通過率に差が出てしまった。無意識だとしても、差別意識は今も根強く残っているということですね。

▶ 公民権は南部者が実現した？

池上　それから、この1960年代のひとまずの公民権運動の成功には、ちょっとしたハプニングも影響しています。

　1960年、ジョン・F・ケネディが民主党の大統領候

補になったとき、北東部のインテリのケネディだけでは幅広い国民からの票が取れないというので、テキサス出身のガサツな年配者、リンドン・B・ジョンソンをセットにしようともくろんだ。ジョンソンを入れれば、ケネディが取れない南部の票をカバーできるのではないかと。その結果、ケネディは当選できたんだけど、3年後に暗殺されてしまう。

あとを継ぐことになったリンドン・ジョンソンは、元々は差別意識もある南部出身者でしたが、ケネディの遺志を継いで公民権運動で「偉大なる社会」を作るというスローガンを掲げ、各種の法律を次々に通していった。これによって、制度的な差別が急激に減ることになった。南部の票を取るために保守的な人物を選んだら、その人が頑張ることで公民権を実現できたというのは、皮肉ですね。

パックン　ケネディの夢をジョンソンが実現させたのですね。

ちなみにマルコムXは演説の中で、そのリンドン・ジョンソンを牽制しています。「南部の人だからといって我々の味方とは限らないよ」「テキサスでもミシシッピでもリンチ（私的制裁）されますよ」と。リンチという言葉は、日本語だとその深刻さが伝わりにくいのですが、向こうでは本当にエグいです。イチャモンをつけて黒人を捕まえて、木から吊るして刃物で刺したり、コークスクリューで肉を抉り取ったり。それがアメリカで言う「リンチ」です。

「テキサスではテキサスの訛りでリンチしている。ミ

シシッピではミシシッピの訛りでリンチしている」とマルコムＸは演説で言っていて、ジョンソンの出身州テキサスをわざと入れています。テキサス出身なんだから、公民権と口で言っても、差別主義者じゃないとは言い切れないぞ、と牽制しているのです。黒人差別の闇の深さがうかがえる一節です。

　全体的に、ユーモラスであってパワフルである、具体的なアクションを呼びかける名演説です。

【原文抜粋】

……冒頭略……

Why does it look like it might be the year of the ballot or the bullet? Because Negroes have listened to the trickery and the lies and the false promises of the white man now for too long, and they're fed up. They've become disenchanted. They've become disillusioned. They've become dissatisfied. And all of this has built up frustrations in the black community that makes the black community throughout America today more explosive than all of the atomic bombs the Russians can ever invent. Whenever you got a racial powder keg sitting in your lap, you're in more trouble than if you had an atomic powder keg sitting in your lap. When a racial powder keg goes off, it doesn't care who it knocks out the way. Understand this, it's dangerous.

And in 1964, this seems to be the year. Because what can the white man use, now, to fool us? After he put down that March on Washington – and you see all through that now, he tricked you, had you marching down to Washington. Had you marching back and forth between the feet of a dead man named Lincoln and another dead man named George Washington, singing, "We Shall Overcome."

He made a chump out of you. He made a fool out of you. He made you think you were going somewhere and you end up going nowhere but between Lincoln and Washington.

……中略……

Twenty-two million black victims of Americanism are waking up and they are gaining a new political consciousness, becoming politically mature. And as they become – develop this political maturity, they're able to see the recent trends in these political elections. They see that the whites are so evenly divided that every time they vote, the race is so close they have to go back and count the votes all over again. Which means that any block, any minority that has a block of votes that stick together is in a strategic position. Either way you go, that's who gets it. You're in a position to determine who'll go to the White House and who'll stay in the doghouse.

You're the one who has that power. You can keep Johnson in Washington D.C., or you can send him back to his Texas cotton patch. You're the one who sent Kennedy to Washington. You're the one who put the present Democratic administration in Washington, D.C. The whites were evenly divided. It was the fact that you threw 80 percent of your votes behind the Democrats that put the Democrats in the White House.

　……後略……

【演説要旨】

　今日は、「投票」または「弾丸」についてお話したいと思います。今年は投票か銃弾かの年だからです。

　イスラム教は私の宗教的な哲学ですが、私が今日お伝えしたい政治的、経済的、社会的な哲学はブラック・ナショナリズムです。宗教の話を持ち出せば、あなたと私との間に違いが生じ、議論が起こり、決して一緒に行動することはできないでしょう。だが宗教を個人と神の間のこととして自宅のクローゼットに置いてくれば、我々は全員に共通する敵と戦えます。

　ブラック・ナショナリズムの理念は、黒人が自分のコミュニティの政治と政治家をコントロールすべきだということに尽きます。私たちの投じた票で白人が政治リーダーになり、私たちに指図する時代はとっくに終わっているのです。

　クリスチャンであろうと、ムスリムであろうと、ナショナリストであろうと、私たちは皆同じ問題を抱えています。吊るされるのは、黒人だから。私が攻撃されるのも、イスラム教徒だからではなく、黒人だからだ。私たちはみな同じ理由で、同じ敵から攻撃を受けているのです。

　この同じ敵のせいで、私たちは政治的抑圧、経済的搾取、社会的劣化に苦しんでいる。20世紀の1964年に、「We Shall Overcome（勝利を我らに）」を歌いながら行進しているのは、政府に見捨てられてきた証拠だ。歌いすぎがダメなんだ。歌うのはやめて、殴る時がきたんだ。いくら歌っても自由は手に入らないが、殴れば多少の自由は得られる。カシアス・クレイだって、歌じゃなくて、殴ることでヘビー級のチャンピオンになったんだ。哲学を変え、行動を起こす。座り込み哲学のままじゃ、座るだけ。座るだけなら年寄りでも、間抜けでも、腰抜けでもできる。もう十分すぎるほど座ってきたのだから、今日こそ立ち上がり、戦う時なのです。

　アフリカやアジアの有色人種の人々は、「勝利を我らに」と歌うので

はなく、ナショナリズムで独立を勝ち取っています。黒人が400年間植民地支配に苦しんできたこの国で、2200万人のアフリカ系アメリカ人の自由を実現するためには、ブラック・ナショナリズムが必要なのです。

なぜ、1964年は投票か弾丸の年になりそうなのか。私たちはあまりにも長い間白人の嘘や偽りの約束に騙されてきて、うんざりしているからです。黒人コミュニティに蓄積された不満は、ロシア人が作った原子爆弾よりも大きな爆発力を持っています。これは大変危険なものです。

あなた方はワシントンの行進で白人にだまされたのです。何かが変わると思わされ「勝利を我らに」と歌いながら、リンカーンとジョージ・ワシントンという名の死者の間を行ったり来たりさせられただけだ。そして今日、私たち黒人は幻滅し、不満を募らせ、行動を求めている。若い新たな世代の黒人は投票権か銃弾かと迫っている。勝算なんて関係ない。

この国の建国時には13の植民地があった。白人が植民地化されて代表権のない納税の義務にうんざりし、「自由か死か!」と立ち上がった。私が通った白人の学校は、白人の歴史でパトリック・ヘンリーやジョージ・ワシントンを愛国者だと私に教える失敗をした。彼らは非暴力とは程遠い。「自由か死か」の戦いで、英国から白人の自由を勝ち取った。彼らも勝算なんて考えずに、大英帝国に立ち向かったのです。私はここで、米国のいわゆる民主主義や、アメリカニズムの犠牲者として話しています。黒人はアメリカの夢どころか、アメリカの悪夢しか経験していない。米国の民主主義の恩恵どころか、米国政府の偽善に苦しめられただけだ。

アメリカニズムの犠牲となった2200万の黒人が、新たな政治意識に目覚めつつある。白人票が割れて拮抗する中では、一つに固まる少数派の票が戦略的な立場を持つとわかりはじめた。

あなたたちの力で、ジョンソンを首都ワシントンに留めおくことも、テキサスの綿花畑に送り返すこともできる。ケネディや今の民主党政権を首都に送ったのもあなた方が80％の票を民主党に投じたからです。

それなのに黒人は何を得た? 民主党はまだ我々との約束を果たしていない。そんな政党を支援し行進し続ける間抜けは、もはや黒人への裏切りだ。政治的に成熟し、自分で見て考えられるあなた方なら、今の民主党がディキシークラット（人種分離主義の南部民主党）でしかないことがわかるでしょう。

今日、あなた方は人種分離主義者の政府の手中にある。大統領の座に就いているのが、テキサス州出身のディキシークラットの親分だ。そして公民権法案の議事妨害をしているのは、圧倒的に多くの黒人が住む州の議員たちなのです。だから私は投票なくば弾丸かと言うのです。自由か死か。誰もが自由でなければ、誰も自由ではない。自分を搾取している社会制度への同化を懇願するところでは革命は起こらない。革命が制度を覆す。革命が制度を壊すのです。

　歴史的に革命では血が流れるが、今日、米国で起きる革命に流血は必要ない。必要なのは、黒人に与えられて当然のものをすべて与えるだけのことだけなのです。白人もこのことを理解することを望みたい。今の白人はもう戦場で勝つことはできない。米なんか食べている稲作農民に朝鮮半島から追い出されたんだ。運動靴でライフルと飯を盛った茶碗しか持たない相手に、戦車もナパーム弾も何もかも奪われて。白人が勝てる日はもう終わったのです。

　南アフリカの人々、アンゴラの人々、ロシアにおける300万人のユダヤ人の人権侵害は、国連で訴えられた。しかしここにある2200万のアフリカ系アメリカ人の苦しみは、教会が爆破されても、幼い娘たちが殺されても、指導者が白昼に射殺されても、国連に取り上げられていない。黒人の人権を蹂躙している米国政府は、国連で厚かましくも自由世界の指導者だと言うのでしょうか。米国政府はペテン師なだけでなく、偽善者だ。だから私は、この問題を解決する唯一の方法は、私たちが団結することだと伝えたい。団結し、調和して協力することです。ブラック・ナショナリズムが鍵になるのです。

12　ネルソン・マンデラ
「死ぬ覚悟はできている」
1964年4月20日@プレトリア最高裁判所

▶アパルトヘイトとは何か

パックン　アメリカの公民権運動の指導者2人の次は、南アフリカ共和国の反アパルトヘイト運動を率いたネルソン・マンデラの演説です。アパルトヘイト体制を強化していた当時の政府から運動を睨(にら)まれたマンデラは、1956年と1962年の2度逮捕されています。一度目は無罪となり、再逮捕の際に仲間と一緒にかけられた「リボニア裁判」と呼ばれる裁判において、この演説を行いました。演説というか、裁判で被告側が行うオープニングステートメント（冒頭陳述）のようなものです。

池上　これ、すごく長い演説ですよね。4時間近く話し続けていた？

パックン　そう、かなり長いです。

池上　アパルトヘイトというのは、南アフリカにおける、白人による有色人種との徹底的な人種隔離と差別の制度です。「差別」とは言わず、あくまで「区別」という形で、違う人種は別々に暮らしましょうというのです。実際には白人は都市部で豊かな暮らしをして、有色人種（要するに黒人ですが）は、下水設備も十分でないようなエリアに住み、白人たちの街に通勤しながら、道路の清掃やゴミ収集などのいわゆる3K（きつい、汚

い、危険）の仕事をする。その
ほかにも、異人種間の結婚は認
められないなど、多くの差別が
行われてきました。

パックン　アパルトヘイト
（Apartheid）という言葉は南
アフリカの言語アフリカーンス
語で、アパルト（apart）とは
「別々」、ヘイト（heid）は英
語で言うhood、「状態」を表
します。つまり「別々状態」を
強制的に押しつけたということ
です。

ネルソン・マンデラ
（1918—2013）；ロイター＝
共同

　アパルトヘイトは1948年に制定され、1950年頃から
実行されたので、アメリカの奴隷制度とはだいぶ違いま
す。アメリカでは建国以来ずっと続いていた奴隷制が現
代まで残っていたのですが、南アフリカではイギリス植
民地時代の1833年に、奴隷制は廃止されていたのです。それまでも白人しか住めないエリアはところどころ
にあったのですが、アパルトヘイトの導入以降は、黒人
は全国10カ所の「ホームランド」と呼ばれるエリアに
強制的に引越しさせられた。白人の街とされたところに
住んでいた黒人は家や土地を没収され、政府が白人に安
く売ってしまいます。ものすごい侮辱ですよね。さら
に、白人は持たなくてもよい通行証を常に持たされて、
それがなければホームランド以外のエリアを通ることも
できない。非常に非人道的な制度でした。

池上 「それはあまりにひどい」と、世界から南アフリカに対して様々な圧力がかかり、経済制裁も行われたのですが、南アフリカはアパルトヘイトをやめなかった。そして非常に恥ずかしい話ですが、経済力のある日本人と韓国人は、実際には有色人種であるにもかかわらず、「名誉白人」というある意味極めて不名誉な名称を与えられ、表向き、白人と同様に扱ってもらっていました。

　マンデラはそうした差別に対して立ち上がり、演説でも触れられているように、テロにも近いような暴力的な反対運動を展開していった。その結果捕らえられ、長い間刑務所に入れられることになる。

パックン　アパルトヘイトへの反対運動は、かなり早い段階から始まりました。1955 年にはマンデラ率いるアフリカ民族会議（ANC）などの反アパルトヘイト勢力が活動していて、マンデラは政府から逃れるため数年間身を隠していたのですが、捕まって、刑務所に入っていたときにさらに仲間が捕まり、この裁判では仲間とともに被告席に立つことになりました。

▶ 何が廃止を後押ししたのか

池上　1984 年にデズモンド・ツツ大主教というカトリックの司教が、非暴力の立場で反アパルトヘイトを唱えた功績でノーベル平和賞を受賞すると、世界が改めて南アフリカに注目し始めます。

　ノーベル平和賞って、ときどき失敗もありますが、授与されることによって「そんなことがあったのか」と世界の関心が集中し、問題解決への道が拓けることがある

んです。東ティモールのジョゼ・ラモス＝ホルタもよい例です。彼は、紛争の平和的な解決への尽力が評価されて 1996 年にノーベル平和賞を受賞し、その後東ティモールは 2002 年に正式な独立を果たしています。アパルトヘイトについても、1993 年にマンデラのノーベル平和賞の受賞によって世界の関心が集まり、解消に向かっていくことになる。

　こうして世界からの圧力もあり、アパルトヘイト時代の南アフリカ最後の大統領だったデクラークが 1991 年にアパルトヘイトを廃止。黒人たちも自由に投票ができるようになり、1994 年に全人種が参加する選挙が行われ、マンデラが大統領となる新政権が成立したわけです。

パックン　デクラーク大統領のアパルトヘイト廃止には、ツツ大主教のノーベル平和賞受賞も大きく影響したと思いますが、もう 1 つ、ダイベストメント（投資撤退）運動の影響もあったのではないかと思います。

　僕の学生時代には反アパルトヘイトデモが、ハーバード大学も含めアメリカの多くの大学で行われていました。ダイヤモンドや埋蔵資源など南アフリカの大手企業への投資をやめ、株式を売却しよう、それによって経済的に打撃を与え、南アフリカのアパルトヘイトをやめさせよう、という運動です。この運動の効果もかなりあったのではないかと言われている。少なくとも私の母校ハーバードの学生たちは、自分たちの運動のおかげでアパルトヘイトが廃止されたと喜んでいましたね（笑）。

池上　ダイヤモンドの世界一の巨大企業、デビアス社も南アフリカ発祥ですからね。

パックン　そうです。あの会社がなければ、ダイヤモンドはもっと安いはず。

▶ アパルトヘイトの影で行われていた核開発

池上　そして実はそのデクラーク大統領は政権末期に、「南アフリカはこっそり核兵器を開発していたが、すでに廃棄した」と発表します。これには世界が驚きました。南アフリカが核兵器を開発していたなんて初耳だったし、それをすでに廃棄したことも知らなかったのですから。まあ結果的に廃棄したのはよかったね、となったのですが、一方で、アパルトヘイトを廃止すれば黒人が政権をとる可能性があり、黒人に核兵器のボタンを渡すことを恐れて、デクラーク政権は事前に廃棄したのではないか、という憶測も飛びました。もちろんデクラークは認めていませんが。

　その発表で、「やっぱり」と膝を打った人たちもいました。その数年前に、インド洋にある南アフリカの領土の島の上空を飛んでいたある飛行機のパイロットが、ものすごく眩い閃光を目撃していた。そのときは何の光なのかわからなかったけれど、あれは密かに行われていた核実験の光だったのではないか、と。

　さらにその核実験は、イスラエルと合同で行っていたのではないか、という説もある。イスラエルは核兵器を所持しているともいないとも明らかにしていませんが、実際には持っています。持ってはいるけれど核実験の経験はなかった。プルトニウム型の原爆というのは、実際に爆発させてみなければ威力の有無やその大きさが確か

められません。実験もしたことがないのにどうやって持てたんだろう、と不思議がられていた。南アフリカと共同実験をしていたと考えれば、辻褄が合うというわけです。

　イスラエルにはアラブ諸国という仮想敵がいますからね。実際、1973年の第4次中東戦争では、当初苦戦をしたイスラエルが、アラブ諸国に対して本当に核兵器を使おうと、爆撃機に積んでいたくらいです。

パックン　その一方で、南アフリカの仮想敵は、どこなんでしょう。地政学的にも思い浮かびません。経済力も軍事力も、アフリカでダントツ1位です。ナイジェリアなどのライバルも隣国ではありません。先進国の核保有国に仲間入りをしたかっただけではないでしょうか。

池上　確かに、地政学的に周辺に脅威となる国はありませんね。あるいは、当時の南アフリカはアフリカ諸国からもアパルトヘイトの件で非常な反発を受けており、かなり孤立していたので、恐怖心はあったでしょう。他のアフリカ諸国への対抗策として、念のため持っておくということだったのか。

　ともあれ、デクラーク大統領は自らの権力を譲渡し、アパルトヘイトは終わることになった。しかし徹底した差別が長年続いてきただけに、黒人地区の環境はいまだ劣悪なままです。私は2017年頃に主要都市ヨハネスブルクのソエトという黒人暴動が起きた地区の家庭に1泊させてもらったことがあるのですが、それは貧しいところでした。水は出るけれど、水量が少ないのでシャワーは浴びられない。いかに過酷な差別が行われていたかを

身をもって実感しました。

▶「世界」を視野に入れた法廷陳述

パックン　演説の中身を見ていきましょうか。まずは自己紹介として「自分も弁護士だ」と、自分の発言には聞く価値がある、自分には聞いてもらう資格があると訴えた上で、容疑を否認します。面白いのは、破壊行為（サボタージュ）をやったことは認めていることです。破壊行為には携わったけど、それは正義のためだったんだと自己弁護する。これは権利平等を獲得するため、国を変えるための唯一の手段なのだ、と。非暴力的な方法でもやろうとしたけれど、結局締め付けがきつくなり、仲間の多くが逮捕されただけで、何の効果もなかった。

　そして歴史的な事例をいくつか列挙します。例えば1960年のシャープビル虐殺事件を見てください、と。法廷に居合わせた人皆が思い出せるような、証拠となる地名や案件を具体的に紹介し、非暴力での改革が不可能なのだとしたら、暴力を行使するしかないじゃないか、と訴えるのです。

　ただ、我々が壊したのは物だけだ、より過激な暴力を提案していた人もいたが、それを抑えて代わりに物だけへの破壊活動でガス抜きをさせていた。改革を訴えながらも、平和を保っていたんだと自己弁護しています。指摘されていた共産党との関係についても、目的が同じだから名目上同盟を結んでいるだけだ、と。

　そして、彼が成し遂げたいアフリカの未来像を、細かく描写しています。白人と黒人が平等の権利を行使でき

る南アフリカ共和国を現実のものにしよう、という訴えです。彼はこの法廷を、世界へのアピールの舞台にしているのです。

　レトリックとしては、暴力、恨み、敵、鞭打ち、過労、圧力的な立法、テロ、虐殺、極貧など、人間社会の悪辣さを彷彿させる表現を列挙して、黒人の置かれた状況の悲惨さを聴衆に実感させようとしています。法廷で聞くことはなかなかない、ウェットな印象の演説です。世界を視野に入れたゆえですが、そこはやはり法廷陳述。「閣下」と、裁判長への呼びかけを何度も繰り返しています。弁護士としての礼儀正しさのアピールでもあり、白人のあなた個人を恨んでいるのではないよ、と暗に伝えているのでしょう。自分に重い量刑が言い渡されることは覚悟しつつ、あくまで礼儀正しく、相手を尊重する敬称を使っている。こういうところが、マーチン・ルーサー・キングと同じく、世界中の白人に好感を持たれる所以ですね。

池上　確かに、マンデラの人気は今も世界で高いですね。

パックン　修辞疑問文が多いのもこの演説の特徴です。相手に考えさせることが目的の、答えを求めない質問のことです。

　「我々はどうしたらいいというのでしょう」

　「我々は直面する問題と、どう戦えばいいのか」

　「どうすれば白人と黒人は平和と調和の中で暮らせるのか」……。

　本人が考えていることを、聞いている人にも考えさせ

る。通常の会話でも使われますが、演説においても非常に有意義なテクニックです。修辞学で hypophora（ヒポフォラ）という技だけど、一度相手に考えさせた上で、答えを提示することで、なるほど、と頷きを促すわけです。マンデラはその生き方自体、エトスが非常に高いのですが、さらに演説のうまさで聴衆の感情をつかんでいます。

　中でも群を抜いているのが、最後の締めの部分です。その少し前で、黒人たちが望んでいる事柄を伝えています。

　「アフリカ人は生活賃金が欲しいのです。政府が定めた仕事ではなく、自分の能力が生かせる仕事をしたい。仕事場の近くに住みたいし、ゲットーに閉じ込められることなく、一般市民になりたい。妻や子どもと暮らしたいし、女性たちも男性と一緒にいたい」

　まさにほしいものリストですよね。その上で最後に、

　「私はアフリカの人々のこの闘いに人生を捧げてきた。私は白人の支配にも黒人の支配にも反対し、すべての人が調和の中で、平等な機会を与えられて一緒に暮らせる民主的で自由な社会を理想にしてきた。この理想が実現するのを見るために生きてきたのです。しかし閣下、必要であれば、私はこの理想のために死ぬ覚悟でいます」

と結びます。

　この最後の一文にある「必要であれば」は、もともと用意していた文言ではなく、最後に付け足したものだそうです。「死ぬ覚悟でいる」と言い切ってしまうと、死

刑を言い渡されるよ、と仲間から助言されたらしいのです。

▶ 南アフリカの今に残るアパルトヘイトの影響

池上　マンデラはこの演説の中で、ソ連からの支援を受けていることも含め、「共産主義者とも共闘はしているが、我々は共産主義者というわけではない」と明言していますよね。ロシアが2022年2月からウクライナに軍事侵攻していますが、実は南アフリカ共和国は、ロシアを非難していません。そこには、かつてアパルトヘイトで苦しんでいた時代にソ連に助けてもらったという思いがあるからではないか、と言われています。

パックン　南アフリカは、ロシアを非難しないばかりか、共同軍事演習を行っているぐらいです。なかなか際どい立場ですが。

池上　あと、マンデラが大統領になったのは素晴らしかったけれど、その後、与党となったANC（アフリカ民族会議）はズマ前大統領やラマポーザ現大統領をはじめ汚職まみれで、ひどいことになっているよね。

パックン　そうなんです。政治は難しいですね、アパルトヘイト体制の下でも汚職が蔓延していました。皆蜜に吸い寄せられてしまうようですね。

　ちなみにこの演説が行われたのは1960年代、赤狩りの時代です。ソ連から支援を受けたとか共産主義者とのつながりがあるというのは、かなり西洋諸国から警戒されたはずで、それも容疑の一つでした。結局、マンデラは終身刑を言い渡されてしまいます。すごいのは、20

年以上刑務所で過ごしたあとの 1985 年に「政治活動をしないと約束すれば、釈放してやる」と言われたのに、「それならいい」と断ったことです。

池上　かっこいいよね。

パックン　さらにその後 1990 年にやっと解放されて、アパルトヘイト廃止後初の大統領になりました。

　1964 年に、この 4 時間近くの演説は世界の注目を集めましたし、ここでアパルトヘイトの罪を詳細に述べたことが、その後世界各地で見られた反アパルトヘイトの動きを促進しました。マンデラという人物はリーダーとしてのカリスマ性もありましたが、それ以上に、言葉の力に満ちていた。演説を聞けば、いかに黒人が不公平な境遇にあるかが、誰にでもすぐわかる。その明白な文章力も、アパルトヘイトを終わらせる力になったのでしょう。

【原文抜粋】(本文解説で取り上げた部分に下線を付した)
……冒頭略……

The only cure is to alter the conditions under which Africans are forced to live and to meet their legitimate grievances. <u>Africans want to be paid a living wage. Africans want to perform work which they are capable of doing, and not work which the Government declares them to be capable of. We want to be allowed to live where we obtain work, and not be endorsed out of an area because we were not born there. We want to be allowed and not to be obliged to live in rented houses which we can never call our own. We want to be part of the general population, and not confined to living in our ghettoes. African men want to have their wives and children to live with them where they work, and not to be forced into an unnatural existence in men's hostels. Our women want to be with their men folk and not to be left permanently widowed in the reserves.</u> We want to be allowed out after eleven o'clock at night and not to be confined to our rooms like little children. We want to be allowed to travel in our own country and to seek work where we want to, where we want to and not where the Labour Bureau tells us to. We want a just share in the whole of South Africa; we want security and a stake in society.

……中略……

<u>During my lifetime I have dedicated my life to this struggle of the African people. I have fought against white domination, and I have fought against black domination. I have cherished the ideal of a democratic and free society in which all persons will live together in harmony and with equal opportunities. It is an ideal for which I hope to live for and to see realised. But, My Lord, if it needs be, it is an ideal for which I am prepared to die.</u>

【演説要旨】
　閣下、私は第一被告人です。私はヨハネスブルグで弁護士として活動していました。私は、1961年5月末に許可なく出国し、ストライキを扇動した罪で5年の実刑判決を受けています。私はウムコント・ウェ・シズェ（民族の槍と呼ばれる武力闘争組織）の共同創設者の1人であり、1962年8月の逮捕時まで同組織の活動で中心的役割を果たしたこ

とを直ちに認めます。また私は ANC（アフリカ民族会議）での役も担っています。さらに共産党との関係も含め、これらの組織活動との私の関わりを説明させていただきます。

　私が破壊行為（サボタージュ）を計画したことは否定しません。しかし無謀に行ったわけでも、暴力を好んだわけでもありません。

　我々がウムコントを結成した理由は 2 つあります。第一に、政府の政策の結果、アフリカ人による暴力が避けられなくなり、彼らの感情を統制できる責任あるリーダーシップなしにはテロが発生し、この国の人種間に激しい憎しみと敵意が生まれると考えたからです。第二に、アフリカ人にとって白人至上主義と闘うには、もはや破壊活動しか道がないと考えたからです。白人至上主義に抗議を表明する合法的な手段はありません。最初は非暴力で臨みましたが、政府はそれも法で禁じ武力による弾圧を行ったので、そこで初めて私たちも暴力には暴力で対抗することを決意したのです。

　しかし、私たちが選択した暴力はテロリズムではありません。ウムコントを結成した私たちは、全員がアフリカ民族会議（ANC）のメンバーであり、政治的紛争を解決する手段として、非暴力と交渉という伝統がありました。私たちは、南アフリカはそこに住むすべての人々のものであり、黒人であれ白人であれ、あるグループのものではないと考えていました。私たちは人種間の戦争を望まず、最後までそれを避けようとしました。

　1960 年にシャープビルで銃撃事件があり、非常事態宣言が出され、ANC は非合法組織に指定されました。しかし私たちは、世界人権宣言の「人民の意思が統治権力の基礎となる」という言葉を信じており、活動禁止令に従うことは、アフリカ人が永遠に沈黙を受け入れることと同じです。ANC は解散を拒否して地下活動に切り替えました。

　閣下、1960 年に政府は国民投票により共和制に移行しました。しかし人口の約 70％ を占めるアフリカ人には投票権はなく、憲法の変更提案さえありませんでした。ANC の方針にもとづき平和的な不服従運動で抗議しましたが、政府は武力で弾圧したのです。

　私たちの今後の行動を牽制する政府の武力に屈するのか、それとも闘い抜くのか。闘うならば、いかに？

　閣下、ANC は非暴力で 50 年間取り組みましたが、アフリカ人にとって次から次へと抑圧的な法ができるばかりで、権利は奪われていく一方なのです。

閣下、その頃までには南アフリカの政治情勢には暴力が蔓延していました。政府がアフリカ人に通行証の携帯を命じた時も、バンツー自治権と称してアフリカ人を居留地に追いやった時もです。統治に暴力を使う政府は、支配される側にも暴力で対抗することを教えたのです。

　1961年6月、政府が私たちの平和的な要求に武力で応えている時に、アフリカの指導者が平和と非暴力を説き続けるのは非現実的であり間違っているという結論に達し、やむなくウムコントの結成に至ったのです。黒人と白人の内戦が避けられなくなった時のために、備えておきたかったのです。

　暴力には破壊活動、ゲリラ戦、テロ、革命がありますが、破壊活動ならば人命を失わず、今後の人種間の関係で最善と考えました。政府やアパルトヘイトを象徴する建物で破壊活動を行い、内戦に発展する前に、政府と政策の変更が必要だと声明を出しました。

　私たちの行動と声明に対する白人の反応は暴力的で、政府はアフリカ人の要求を無視するよう呼びかけました。アフリカ人にはウムコントの行動が希望となりましたが、白人の新聞では破壊活動は犯罪だと伝えました。そんな状況で、アフリカ人がテロに走らないようにできるでしょうか。

　1961年までに数多くのアフリカ人が人種間の摩擦の結果、死亡しています。そして1960年3月21日には、シャープビルでのデモ活動に警察が発砲し、非武装のアフリカ人69人が死にました。我が国の歴史で、あといくつのシャープビル事件が起きるのでしょうか。黒人と白人が再び平和と調和の中で共に生きることはできるのでしょうか。

　国家はANCと共産党が同じ目的であると告発していますが、これも誤りです。ANCの主な目的は、アフリカの人々が統一と完全な政治的権利を獲得することです。一方、共産党の主な目的は、資本家を排除し、労働者階級の政府で置き換えることでした。共産党は階級の区別を強調しようとし、ANCはそれらを調和させようとする。これは、閣下、重要な違いです。

　閣下、私が共産主義者でないことはすでに述べましたが、ここで私自身の政治信条について述べたいと思います。第一に、私はアフリカ人愛国者です。そして今日、私は階級のない社会という考え方に引かれています。富裕や貧困、搾取のない社会です。私はマルクス主義の影響も受けていますが、一方で、英国の政治、司法制度や米国の三権分立を最も民主的な制度として評価しています。政治制度を考えるにあたり、公平

かつ客観的に東西から最良の考えを取り入れるべきと考えています。

　南アフリカはアフリカで最も豊かな国であり、世界で最も豊かな国の１つになる可能性があります。しかしこの国は極端で、差が激しすぎます。白人は世界一高い生活水準を享受しているが、アフリカ人は貧困と悲惨の中に生きています。アフリカ人の40％は絶望的に過密で、干ばつや痩せた土地のために生活できないような居留地に住んでいます。30％は白人農場の労働者として中世の農奴のように暮らし、残りの30％は町で低収入と高い生活費によって困窮しています。

　アフリカ人の不満は、自分たちが貧しく、白人が豊かであることだけでなく、白人によって作られた法律が、この状況を維持する目的だからです。

　貧困から抜け出すには、２つの方法があります。１つは正式な教育によって、もう１つは労働者がより高い技術を習得し、高い賃金を得ることです。アフリカ人に関する限り、この２つの方法は法律で意図的に制限されています。私たちの不満は、他国の人々と比較して貧しいことではなく、自国の白人と比較して貧しいことであり、この不均衡を変えることが法律で妨げられていることなのです。

　白人の子どもの義務教育は事実上無料ですが、アフリカ人の子どもには提供されていません。良い賃金の仕事は白人しか就けません。黒人には低賃金の仕事しか与えられないのに、白人に許可されている団体交渉も黒人がやれば違法です。

　白人至上政策の結果、アフリカ人の人間としての尊厳が損なわれているのです。黒人は劣った存在だと見なされているので、白人はアフリカ人にも家族がいて、白人と同じ感情を持ち、家族をきちんと養い子どもを学校に送れるお金を稼ぎたがっているとは考えないのです。貧困によって乱れる治安を治療する唯一の方法は、アフリカ人が余儀なくされている生活状況を変え、彼らの正当な不満に応えることです。アフリカ人は生活賃金が欲しいのです。アフリカ人は政府が定めた仕事ではなく、自分の能力を生かせる仕事をしたいのです。私たちは仕事場の近くに住みたいし、ゲットーに閉じ込められることなく、一般市民になりたいのです。アフリカ人男性は、男性用ホステルではなく妻や子どもと暮らしたいし、女性たちも男性と一緒にいたいのであり、居留地で永久に未亡人にされたくありません。自分の国を往来し、労働局の指示ではなく、自分の好きな場所で仕事を探したい。私たちは南アフリカ全体を公平に分けていただきたい。私たちも安全と社会的な地位がほしいのです。

何よりも、閣下、私たちは平等な政治的権利を望んでいます。それなくしては、私たちの不利益は永久に続きます。人種により政治的に分断するのをやめれば、1つの人種が別の人種を支配することもなくなります。ANC は半世紀にわたり人種差別と闘ってきました。これは私たち自身の苦しみと体験から生まれたアフリカ人の闘いです。生きる権利のための闘いなのです。

　私は、アフリカの人々のこの闘いに人生を捧げてきました。私は白人支配にも、黒人支配にも反対して闘ってきました。私はすべての人が調和の中で、平等な機会を与えられて一緒に暮らせる民主的で自由な社会を理想としてきました。この理想が実現するのを見るために生きてきたのです。閣下、もし必要であれば、私はこの理想のために死ぬ覚悟でいます。

第 3 部
課題に立ち向かう

13 マララ・ユスフザイ
「一人の子ども、一人の先生、一本のペンそして一冊の本が世界を変える」2013年7月12日@国連総会

▶ シンプルな言葉だからこそ力強い

池上　このスピーチを今回読みなおしまして、非常にわかりやすい英語で、私は感激しました。最後の一文「One child, one teacher, one pen and one book can change the world.」ほどシンプルで力強く、人々の心を揺さぶる文章を見たことがありません。

パックン　おっしゃるとおり、簡単な英語ですが、だからこそ多くの人に伝わり、しっくりくるんですよね。アメリカの政治家は、中学校レベルの英語で演説を書くよう心がけるといいます。大学や大学院レベルの高度な語り口を使うと、しっくりくる人口が減ってしまうのです。皆さんも多くの人に向けて話をする際には、無理に背伸びせず、身の丈にあった言葉で話すほうが得だということを覚えておいてください。

池上　トランプは小学校レベルの英語でしたけどね。

パックン　彼は背伸びして小学校レベルですから！

▶ 謙虚なのに、マーベル映画の主人公のようなカッコよさ

パックン　このマララさんの演説には、学ぶべきテクニックがたくさん入っています。まずは冒頭、とても謙虚な姿勢で、この場でスピーチができることへの感謝を示

しています。これを聞いて嫌
に思う方はいませんよね。冒
頭でもう彼女のエトス、好感
度は上がっている。

それから聴衆と自分とのつ
ながりを強調します。

「私は自分自身のためでは
なく、すべての女の子と男の
子のために話します」

今日は私の日ではなく、今

マララ・ユスフザイ（1997—）

日は権利を訴えるすべての子
どもたちの日なのだ、と。これもとてもよいテクニック
です。

ちなみにトランプ大統領も就任演説で同様のことを言
っていました。「今日はこの運動に参加してくれた皆さ
ん、あなたの日ですよ」と。彼の場合の「あなた」に
は、自分の支持者しか含まれていないのですが。

また、「人権活動家やソーシャルワーカーは人権だけ
でなく、日々教育、平和、平等という目標に向けて闘っ
ています」と、教育・平和・平等という3つの単語を並
べているところもいいですね。3つというのは、2つよ
りも4つよりも収まりがいいんです。

さらに、マンデラの演説にもあったように、勝ち取り
たい権利を列挙します。

「平和に暮らす権利。尊厳をもって扱われる権利。平
等な機会を得る権利。教育を受ける権利」。同じ「彼ら
の権利（their right）」で始める構成を繰り返す。また

またアナフォラというテクニックのすばらしい例です。

　マララさんの最大のエトス要素は、なんと言っても、タリバンに頭を撃たれたことです。

池上　そう。2012年10月、中学校から帰宅するバスに乗っていたところ、タリバンの複数の男が銃撃、頭部と首に銃弾を受けたんですね。同乗の女子生徒2人も負傷した。奇跡的に回復した後、国連総会に呼ばれて行ったのがこのスピーチです。

パックン　その物語をここで短く紹介することでエトスがグッと上がり、同時に彼女に対する哀れみや感心、タリバンへの怒りというパトスも高まっています。

　「タリバンは私の額の左側を撃ちました。友達も撃たれました。彼らは弾丸で私たちを黙らせるつもりでしたが、それは失敗でした。沈黙から何千もの声が上がったのです」

　ここで「沈黙」と「声」という対照的な言葉を並べるのも、インパクトがありますね。

　「テロリストたちは、私の目的や意欲を止められると思ったようですが、何も変わりませんでした。唯一変わったのは、弱さ、恐怖、絶望感が消えたことだけで、代わりに強さ、力、勇気が生まれました」

　ここでも3つの対比を使っていますね。頭を撃たれたことで、かえって強くなって生まれ変わった。もうこれは、マーベル映画に出てきそうなシーンじゃないですか。こういう瞬間にこそ、ヒーローは生まれるんです。めちゃくちゃかっこいい。

池上　とてもシンプルな文章でありながら、とてつもな

く力強いです。

パックン 「私を撃ったタリブが目の前に立っていたとしても、私は彼を撃ちません」と、情けを見せているのもすごい。その哀れみ、思いやりは、「（イスラム教の）預言者モハメッド、（キリスト教の）イエス・キリスト、（仏教の）お釈迦様から学んだ思いやり」だと言うのですが、これによって、世界の宗教信者の約6割はカバーしていますよね。あなたたちが大事にしているものを私も大事にしているんです、という謙虚な姿勢は、自然と好感度を上げます。

　さらに、マーチン・ルーサー・キング、ネルソン・マンデラ、モハメッドアリジンナー、ガンジー、バチャ・カーン、マザー・テレサから変革の伝統や非暴力の哲学を受け継いでいると、現代に名を残す偉人をもれなく入れている。そして最後には母と父を付け加えている。ここまでくると、宗教に無関心な聴衆でも共感せずにはいられません。強い自己主張をしてはいますが、これほど謙虚な16歳の少女のことを嫌う人は誰もいませんよね。さらにその直後に、「親愛なる姉妹兄弟の皆さん」と呼びかけ、聴衆との絆を築こうとしています。

池上 聴衆と自分は一緒なんだ、と印象づけるわけですね。おかげで聴いている人は自分事としてスピーチに入り込める。

▶ マララ銃撃事件の背景

池上 実は、マララさんを撃ったのは、正確にはタリバンではなく、パキスタン北西部で活動するスンニ派イス

ラム過激組織の「パキスタン・タリバン運動」です。そしてその運動が生まれるきっかけを作ったのは、ソ連がアフガニスタンに攻め込んできたとき（1979年）に、アメリカが当地のムジャヒディン（イスラム聖戦士）と呼ばれる若者たちに地対空ミサイルなどを支援し、ソ連軍と戦わせたことなんです。今のウクライナ戦争を思い出してしまうような構造ですが。

パックン　確かに。代理戦争ですよね。

池上　アメリカは直接戦争に加わることはせず、ソ連軍と戦うアフガニスタンの若者たちに武器を与えます。これによって大きな被害を受けたソ連は撤退（1989年）。その途端にアメリカは関心を失い、アフガニスタンのことはもういいや、となる。

　ソ連撤退後のアフガニスタンでは、パシュトゥン人とタジク人、ウズベク人、ハザラ人という4つの民族が、権力をめぐって争い始め、四つどもえの悲惨な内戦へと発展します。それを見ていたのがパキスタンです。

　もともと、パキスタン西部からアフガン東部にかけては、パシュトゥン人の居住エリアだったのですが、イギリスが勝手に線を引き、パキスタンとアフガニスタンに分けてしまっていた。そのため、ソ連のアフガン侵攻が起きると、大勢のアフガニスタンのパシュトゥン人たちが、同じパシュトゥン人を頼ってパキスタンに逃げてきて、難民キャンプができた。しめた、と思ったのが、パキスタンの極めて原理主義的なイスラム勢力です。これは自分たちの言いなりになる政権を作るチャンスだと、難民たちに向けて偏った教育を徹底的に施した上で、パ

キスタン軍情報部が武器を与え、アフガニスタンに送り込んだ。これがタリバンです（1994年に結成）。

　マララさんの演説の中に「タリブ」という言葉が出てきますね。タリブは学生という意味で、その複数形がタリバンなのです。非常に偏ったイスラム教育を施す神学校を作り、卒業生たちに戦車や武器を与えてアフガニスタンに攻め込ませた。つまりあの戦車はパキスタン軍のものだったのです。パキスタン軍がタリバンを装い、タリバンの連中を連れてアフガニスタンに攻め込んだ結果、タリバンが支配するようになったというわけです。

　しかしその結果、パキスタン北西部にもタリバンと同じ考え方の勢力が生まれてきてしまいます（2007年）。これがマララさんを襲撃した「パキスタン・タリバン運動」です。

　マララさんのお父さんは学校経営者でしたが、パキスタン・タリバン運動は、パシュトゥーン人社会で女に教育は必要ないと言って、女子校をどんどん破壊していきます。そのことを嘆いたマララさんがネット投稿で「私たちも勉強したいのに、なぜ学校を破壊するのか」と訴えたところ、パキスタン・タリバン運動の連中の目にとまって狙われることになった、というわけです。

▶ 自然と主導権を握り、アクションを呼び起こす

パックン　マララさんの演説に戻りましょう。自分のストーリーの後も、小さな物語をたびたび挿入します。

　「ジャーナリストから『なぜタリバンは教育に反対するのか』と尋ねられた同級生の男の子が、自分の本を指

して『タリブはこの本に何が書かれているのかを知らないから』と答えた」

　ごく短いエピソードですが、なるほど、教育を施されてこなかったために教育に反対しているのか、と納得しますし、そこには哀れみの気持ちが表れています。

　ここで、ぜひ皆さんにも身につけていただきたいテクニックが出てきます。相手に定義される前に、自分から先に定義づけるということ。これで相手に強く出ることができます。

　イスラムではこうですよ、と言われる前にマララさんは「イスラムは平和、人道と同胞愛の宗教です」と定義づけ、主導権を握っています。イスラムの神様というのは、学校に行っているというだけで銃を人の頭に向けるような、ちっぽけな存在ではないでしょう、と。このテロリストはイスラムを自己利益の目的で悪用している、宗教の戒律を破っているのは私ではなく相手なんだと先手を打っているわけです。

池上　なるほど。

パックン　そのほか、教育やジェンダーの平等性など色々なことを言っているのですが、中でも注目して頂きたいのが、

　「We cannot all succeed when half of us are held back.」（私たちのうち半分——とは女性のことですが——が抑圧されている間は、だれも成功などできません）という一文です。

　これはマーチン・ルーサー・キングの名言「No one is free until we are all free.」（みんなが自由になるま

では、誰も自由ではない）にも似ています。女性の権利を訴えた運動家ファニー・ルー・ヘイマーも 1971 年の演説で同様のことを言っています。マララさんはそこをnobody でも all でもなく、half と all という対比を使って工夫している。うまいですね。

さらに具体的に何が必要なのか、解決策を列挙しています。「女性と子どもの権利を守ること」「世界中の子どもたちに無償の義務教育を保障すること」「あらゆる政府がテロや暴力と闘い、子どもたちを残虐行為から守ること」「先進国は、発展途上国の少女たちの教育機会の拡大を支援すること」……。さらに、自らが銃で撃たれたことを踏まえ、「**この目標達成のため、知識という武器と、団結と連帯という盾で、自分自身に力を与えましょう**」という比喩表現を使っている。そして先ほど池上さんが紹介された「One child, one teacher, one pen and one book can change the world.」で締める。もう最高です。

その直前で、**世界が戦うべき相手として「無学、貧困、テロリズム」と３つ挙げています**が、**最後の最後には「one child, one teacher, one pen and one book」と４つにするんです**。この変化が面白い。いやあ、実に美しいスピーチです。

池上　暗唱したいくらいですよね。

パックン　英語がうまくなくても感動する人がたくさんいると思います。16 歳の少女が国連総会の場で堂々と伝える、その姿に心を打たれた人も多かったでしょう。

池上　彼女には『わたしはマララ』（邦訳版クリスティ

ーナ・ラム共著、金原瑞人、西田佳子訳、2013年学研パブリッシング、2023年光文社）という著書もありますね。

パックン　読みました。この本もすごくわかりやすいです。ずっと一人称（I）で語られていて、スピーチで用いられたのと同様の修辞学的テクニックがたくさん入っています。小さな物語を挿入し、考えていることやビジョンをはっきりと伝えて、アクションを呼び起こす。彼女のそうしたコミュニケーションスタイルは一貫しています。

▶ タリバンへの注目を集め、子どもが世界に発信する潮流に

パックン　さて、このスピーチは世界を動かしたと言えるのでしょうか。アメリカは2021年8月にアフガニスタン戦争から撤退しましたが、結局、タリバン政権に戻ってしまいました。

池上　ただ、タリバンがいかにひどいことをやっているかを世界が知るきっかけにはなったと思いますね。

　パキスタンの特に田舎は、そもそもが、ものすごく保守的なんです。私も取材に入ったことがありますが、女に教育は要らないと考える人が今もたくさんいる。パキスタン・タリバン運動の思想と通じる土地柄なのです。そういうところで立ち上がったマララさんの勇敢さはすごいし、撃たれた後に行ったこのスピーチをきっかけに、世界中がパキスタン・タリバン運動やアフガニスタンのタリバンの蛮行に注目するようになったと言えます。

ただ残念ながら、アフガニスタンではタリバンが復権してしまいましたし、マララさんの著書『わたしはマララ』も、パキスタンでは首都イスラマバードの書店には並んでいたものの、田舎の書店には並んでいませんでした。並べれば、パキスタン・タリバン運動に襲われるかもしれないと、書店が自主規制しているのです。マララさんの考えと闘いを伝え、事件を記録した重要な本ですが、売れているのはパキスタン以外の国という、残念な現実があります。

パックン　タリバンの悪行への認知度を高めたという意味では世界を変えたかもしれないけれど、地元パキスタンの状況は変えられていない、ということですね。

池上　残念ですが、そういうことです。

パックン　世界中の人々が子どもの声に耳を傾けるようになる潮流を生み出した、というのも世界を動かした点かもしれません。マララさん以降、気候変動問題を訴えるグレタ・トゥーンベリさんなど、子どもの社会活動家が次々と登場し、注目を集めるようになりました。

　いじめ防止運動をしているジェイレン・アーノルド（Jaylen Arnold）君とか、黒人女性が主人公の本を1000冊集めて学校に寄付する #1000BlackGirlBooks という運動を起こしたマーリー・ディアス（Marley Dias）さんなど、アメリカでも活躍している子どもの社会活動家が多数います。マララさんの行動は、子どもにも世界を動かす力があることを示すお手本として、後輩の子どもたちを勇気づけたのだと思います。

　その一方で、タリバンが政権をとったアフガニスタン

では、また女子の教育が禁止され始めている。マララさんの最大の望みが再び閉ざされていく、残念な流れになってしまっています。非常に複雑な思いがします。

【原文抜粋】（本文解説で取り上げた部分に下線を付した）

……冒頭略……

So here I stand, one girl among many.

I speak not for myself, but for all girls and boys.

I raise up my voice — not so that I can shout, but so that those without a voice can be heard.

Those who have fought for their rights:

Their right to live in peace. Their right to be treated with dignity. Their right to equality of opportunity. Their right to be educated.

Dear Friends, on the 9th of October 2012, the Taliban shot me on the left side of my forehead. They shot my friends too. They thought that the bullets would silence us. But they failed. And then, out of that silence came, thousands of voices. The terrorists thought that they would change our aims and stop our ambitions but nothing changed in my life except this: Weakness, fear and hopelessness died. Strength, power and courage was born. I am the same Malala. My ambitions are the same. My hopes are the same. My dreams are the same.

Dear sisters and brothers, I am not against anyone. Neither am I here to speak in terms of personal revenge against the Taliban or any other terrorists group. I am here to speak up for the right of education of every child. I want education for the sons and the daughters of all the extremists especially the Taliban.

I do not even hate the Talib who shot me. Even if there is a gun in my hand and he stands in front of me. I would not shoot him. This is the compassion that I have learnt from Muhammad — the prophet of mercy, Jesus Christ and Lord Buddha. This is the legacy of change that I have inherited from Martin Luther King, Nelson Mandela and Muhammad Ali Jinnah. This is the philosophy of non-violence that I have learnt from Gandhi Jee, Bacha Khan and Mother Teresa. And this is the forgiveness that I have learnt from my mother and father. This is what my soul is telling me, be peaceful and love everyone.

……中略……

I remember that there was a boy in our school who was asked by a journalist, "Why are the Taliban against education?" He answered very simply. By pointing to his book he said, "A Talib doesn't know what is written inside this book." They think that God is a tiny, little conservative being who would send girls to the hell just because of going to school. The terrorists are misusing the name of Islam and Pashtun society for their own personal benefits. Pakistan is peace-loving democratic country. Pashtuns want education for their daughters and sons. And Islam is a religion of peace, humanity and brotherhood. Islam says that it is not only each child's right to get education, rather it is their duty and responsibility.

……中略……

We call upon all communities to be tolerant — to reject prejudice based on cast, creed, sect, religion or gender. To ensure freedom and equality for women so that they can flourish. We cannot all succeed when half of us are held back.

We call upon our sisters around the world to be brave — to embrace the strength within themselves and realise their full potential.

Dear brothers and sisters, we want schools and education for every child's bright future. We will continue our journey to our destination of peace and education for everyone. No one can stop us. We will speak for our rights and we will bring change through our voice. We must believe in the power and the strength of our words. Our words can change the world.

Because we are all together, united for the cause of education. And if we want to achieve our goal, then let us empower ourselves with the weapon of knowledge and let us shield ourselves with unity and togetherness.

Dear brothers and sisters, we must not forget that millions of people are suffering from poverty, injustice and ignorance. We must not forget that millions of children are out of schools. We must not forget that our sisters and brothers are waiting for a bright peaceful future.

So let us wage a global struggle against illiteracy, poverty and terrorism and let us pick up our books and pens. They are our most powerful weapons.

One child, one teacher, one pen and one book can change the world.

Education is the only solution. Education first.

【演説要旨】

　最初に、私たちを平等に創ってくださった神に、そして私が迅速に回復し、新たな生活を送れるよう祈ってくれた皆さんに感謝します。人々は信じられないほどの愛を、私に示してくれました。

　何百人もの人権活動家やソーシャルワーカーが、人権だけでなく教育、平和、平等という目標に向けて闘っています。何千もの人々がテロリストによって殺され、何百万もの人々が負傷しました。私はその一人です。

　ここに立つ私は、その大勢の中の一人の少女です。私は自分自身のために話すのではなく、すべての女の子と男の子のために話します。

　私は声なき人々の声を伝えるために、声をあげます。平和に暮らす権利、尊厳をもって扱われる権利、平等な機会を得る権利、教育を受ける権利のために闘ってきた人たちです。

　親愛なる皆さん、2012年10月9日に、私はタリバンに額の左側を撃たれました。友達も撃たれました。彼らは弾丸で私たちを黙らせるつもりでしたが、失敗でした。沈黙から数千もの声が上がったのです。テロリストたちは、私たちの目的や意欲を変えられると思ったようですが、私の人生で変わったのは弱さ、恐怖、絶望が消えたことだけで、代わりに強さ、力、勇気が生まれました。私は前と同じマララです。私の志も、希望も、夢もそのままです。私は今日、すべての子どもの教育の権利について話します。タリバンや過激派の息子や娘にも教育を受けさせたいのです。

　私を撃ったタリブを憎むことさえありません。手に銃を持っていて、彼が私の前に立っていても、私は彼を撃ちません。これこそが私が慈悲深い預言者であるモハメッド、イエス・キリスト、お釈迦様から学んだ思いやりです。これがマーチン・ルーサー・キング、ネルソン・マンデラ、モハメッドアリジンナーから受け継いだ変革の伝統です。そしてガンジー・ジー、バチャ・カーン、マザー・テレサから学んだ非暴力の哲学です。そしてこれこそが、私が母と父から学んだ赦しです。私の魂が平和であれ、万人を愛せと告げているのです。

　親愛なる姉妹兄弟の皆さん、私たちは闇を見ることで光の大切さに気づきます。沈黙を強いられた時に、声の大切さに気づくのです。同様にパキスタン北部のスワートで銃を見た時に、私たちはペンと本の重要性

がわかったのです。

「ペンは剣よりも強し」という名言は真実でした。過激派が恐れているのは、本やペンです。彼らは教育の力を、女性を、女性の声の力を恐れているのです。過激派が毎日学校を爆破するのは、変化を恐れ、私たちが社会にもたらす平等を恐れているのです。

私たちの学校で、「なぜタリバンは教育に反対するのですか？」と尋ねられた男の子が、自分の本を指して「タリブはこの本に何が書かれているのかを知らないから」と、端的に答えたのを覚えています。タリバンは神のことを、学校に通うという理由で女の子を地獄に落とすような心の狭い保守的でちっぽけな存在だと考えています。テロリストはイスラムとパシュトゥン社会の名を、自分たちの利益のために悪用しているのです。パキスタンは平和を愛する民主的な国であり、パシュトゥン人も娘や息子に教育を望んでいます。イスラムは平和、人道と同胞愛の宗教で、イスラムの教えでは子どもに教育を受けさせることは義務でもあります。

国連事務総長様、教育には平和が不可欠です。世界の多くの場所で、特にパキスタンとアフガニスタンで、テロや戦争、紛争のために子どもたちが学校に通えません。もう戦争はたくさんです。女性と子どもたちは、世界各地でさまざまに苦しんでいます。貧困、無知、不正、人種差別、基本的人権の剥奪は、男女にかかわらず直面している問題です。

親愛なる仲間の皆さん、今日私は女性の権利と少女の教育に焦点を当てています。かつて女性活動家が、女性の権利のために男性に立ち上がるよう求めた時もありましたが、今度は私たちが自らやるのです。女性が自立して自ら闘うことを訴えます。

親愛なる姉妹と兄弟の皆さん、今こそ声を上げる時です。

今こそ声をあげ、世界の指導者たちに、平和と繁栄に向けた政策に変えるよう呼びかけましょう。女性と子どもの権利を損なう取り決めは受け入れられません。私たちは全政府にすべての子どもが無償で義務教育を受けられるよう呼びかけます。テロや暴力と闘い、子どもを残虐行為や危害から守るように呼びかけます。先進国に対し途上国の少女たちの教育機会拡大を支援するよう呼びかけます。そしてすべてのコミュニティが寛容となり、階級や信条、宗派、宗教や性別にもとづく偏見を捨てることを呼びかけます。女性が自由と平等を保持し、豊かな暮らしを送るためです。半数の人間が抑圧されていては、誰も成功などできません。

すべての子どもたちの輝かしい未来のために、私たちは学校と教育を要求します。そしてすべての人の平和と教育のために取り組みを続けます。誰も私たちを止めることはできません。私たちは言葉の力を信じています。私たちの言葉は世界を変えるのです。目標を達成するために、私たちは知識という武器と団結と連帯という盾で、自分自身に力を与えるのです。

　親愛なる兄弟姉妹の皆さん、何百万人もの人々が貧困、不正、無知に苦しんでいることを忘れてはなりません。何百万人もの子どもたちが学校に通えていないことを忘れてはなりません。私たちの姉妹兄弟が明るい平和な未来を待っていることを忘れてはなりません。

　ですから、本とペンを手に取り、無学、貧困、テロリズムに対する世界的な闘いを始めましょう。本とペンが最も強力な私たちの武器です。一人の子ども、一人の先生、一本のペン、そして一冊の本が世界を変えることができます。

　教育は唯一の解決策です。最優先すべきは教育です。

14 ジャシンダ・アーダーン
「私たちが信じている国になるために」
2019 年 3 月 29 日@クライストチャーチ記念館

▶ 相手への共感を示し、仲間を感じさせる

池上 ニュージーランドのアーダーン首相は、2023 年初頭に辞任してしまいましたね。

パックン ひどい性差別をたびたび受けていましたし、相当つらい 5 年間だったのでしょう。本当によくがんばったと思います。

池上 このスピーチは、2019 年 3 月にクライストチャーチにある 2 つのモスクが白人至上主義者の若者によって連続襲撃を受け、51 人が死亡、49 人が負傷したというニュージーランド史上最悪の銃撃事件の 2 週間後、現地での追悼集会における演説ですね。

パックン 冒頭は、ニュージーランドの先住民、マオリの言葉によるお悔やみの言葉で始まっています。

池上 これ、マオリ語なんだ。すごいな。

パックン 芸人も地方に営業に行ったときには、その土地の方言を覚えて舞台で使ってみると、エトスが上がりますからね。「自分たちに興味を持ってくれている、言葉を合わせてくれているんだ」と聴衆は嬉しくなる。ましてや追悼演説ですから。

　特徴的なのが、「言葉（words）」という単語を多用していることです。

「テロリストによる襲撃の
あった3月15日以降の14日
間、私たちはずっと言葉を失
っていました。失われた50
人もの男性、女性、子どもた
ち、そして多数の負傷者の痛
みと苦しみを表す言葉とは何
でしょうか。イスラムのコミ
ュニティが憎しみと暴力の標

ジャシンダ・アーダーン
（1980—）；ゲッティ＝共同

的にされたことへの苦しみを表す言葉とは。このような
痛みを抱えてきた街の悲しみを表す言葉はあるのでしょ
うか」

　言葉とは人間の多くが本能的に関心を抱いている分野
なのでしょう、「言葉」を使った名演説は多いし、言葉
とは何かに迫った文学作品もたくさんあります。その意
味でも、このつかみの部分はすばらしいですね。

　「私はそんな言葉はないと思っていました。でも今日
ここに来て、このシンプルな挨拶に出会ったのです。ア
ッサラームアライクム。あなたに平安あれ」

　これ、最高の入り方じゃないですか。

池上　「アッサラームアライクム」はアラビア語の「こ
んにちは」のように使われる挨拶の言葉なのですが、彼
女はその挨拶言葉に「あなたに平安あれ」という意味が
あることに改めて注目し、ここでそう解釈し直している
のですね。韓国語の挨拶「アンニョンハシムニカ」も、
同じ意味ですよね。

パックン　それも「平安あれ」ってことですか。

池上　そうです。アンニョンは漢字では「安寧」と書き、平安という意味です。だからアンニョンハシムニカは、あなたは安寧ですか、という問いかけなんです。

パックン　それに比べて日本語の「こんにちは」は、単純すぎませんか。「今日は」と言ってるだけですね。英語の「ハロー」もイマイチですが。

　ともあれ、その「アッサラームアライクム」が挨拶であるとともに、相手の気持ちを慰める言葉でもあり、それが日々繰り返されているイスラム教徒のコミュニティに、彼女は感動しているんですね。これはエトスがぐんと上がります。

　ニュージーランドで多数派であるキリスト教徒を「we」、イスラム教徒を「you」と区別はしつつも、「私たちは花を手向けたりハカを踊ったり歌を歌ったりはしたけれど、言葉は失っていた。それでも私たちはあなた方の言葉に耳を傾けていて、それによって謙虚な気持ちで一つになれた」と、リスペクトを示しています。ハカはニュージーランドの先住民の踊りですね。

　そこからテロ攻撃の影響を受けた人々の「物語」をごく簡単に短く挙げていきます。

　「この国で生まれ育った人、移住してきた人、避難あるいはより良い生活を求めてニュージーランドにやって来た人々の勇敢な物語は、私たち皆の記憶として永遠に残ります。彼らは私たちなのです」と。

　ここで「you」と「we」の距離をぐっと縮めて、みんな一緒なのだと強調している。

　さらに「他人への憎しみや恐怖というウイルスは回避

できませんが、その治療法を見つける国になることはできます」と、ウイルスという絶妙な比喩表現を使うことによって、治療法の存在まで示唆していますね。

▶ ローカルからグローバルへと視点を広げる

池上　この後がすばらしいですよね。

「ヘイトと戦う仕事を政府だけに任せてはいけません。私たちはそれぞれ、言葉や行動、日々の親切な行為に力を持っています」と。

政府だけじゃない。国民1人1人がやらなければいけないんだよ、と。こういう呼び掛けがリーダーからなされることが、すごいと思います。

パックン　そうなんです。このあと第15章で取り上げるドイツのメルケル首相の特徴でもあるのですが、政府に任せるのではなく、これはみんなで成し遂げるものだ、とビジョンを示しているのです。

「私たちはそれぞれ、言葉や行動、日々の親切な行為に力を持っています。これからはそれを3月15日の教訓としましょう。私たちが信じている国になるために」と。

そして、マララさんと同様、アーダーン首相も、自分の発言を世界が聞いていることをよくわかっていて、意識しています。グローバルコミュニティに対して、

「暴力とテロリズムに単独で立ち向かうことはできません」

と団結を呼びかけ、

「答えは国境に縛られたり、人種や権力や、統治形態

に基づいたりする概念ではなく、もっとシンプルな私たちの人間性にあるのです」

と、ローカルだったはずの銃撃事件を、普遍的な話にまで広げている。ここが、世界の名演説として残る所以ですね。

最後には、マーチン・ルーサー・キングや安倍晋三もそうだったように、歌詞を引用しています。この演説にまさにぴったりの国歌です。これを使わない手はない。

「あらゆる信条と人種の者たちが／ここで神の眼前に集い／この地の祝福を願う／神よ我らの自由なるこの国を守りたまえ」

彼女はこの演説で、苦難の中にいる地元の人々から世界へ、さらには神様という異次元の存在にまで話を広げている、そのことを表すような歌詞ですよね。

最後の「God defend New Zealand」は、ニュージーランドにおける伝統的な演説の締め方でもあるのだと思います。アメリカで言う「God bless America」と同じですね。そしてマオリの言葉とアラビア語の挨拶で演説は終わります。

完成度が非常に高い演説です。構成も言葉遣いもきれいですが、**何より彼女は乱射事件当日に現場に飛び込み、6日後には銃規制改正法を議会で満場一致で通している。彼女の行動、生き方が演説にパワーを与えています**。すばらしいと思います。

▶ 優しい心根とリーダーシップ

池上　本当にそうですね。アーダーン首相といえば、私

は 2020 年 3 月、ニュージーランドがコロナ対策のための厳しいロックダウンを始める際の記者会見と動画に、本当に優しい心根の人なんだな、と感動しました。その優しさがあるからこそ、こういう演説ができるのだと思いますね。

　「皆さんとにかく家から出ないでください」と呼びかけるのですが、ちょうどイースターの頃だったので、彼女はテレビを見ている子どもたちに対し、「でもイースターバニーはエッセンシャルワーカーだから、ちゃんとあなたの家を訪れますよ」と言ったんです。

パックン　うまいですね。

池上　キリスト教社会では、イースター（復活祭）の時期、庭のあちこちに隠された色とりどりのゆで卵を、子どもたちが見つけて楽しむという伝統行事があります。卵を隠すのはイースターバニーと呼ばれるウサギとされている。つまり、外に出ちゃいけないと言われたら、子どもは「イースターバニーも来ないの？」と心配になるかもしれない。そこを彼女は「イースターバニーはエッセンシャルワーカーだから大丈夫よ」と言いつつ、「でも中には忙しいバニーもいるかもしれない。そのときは許してあげてね」と、そこまでフォローしているんですよ。実にうまい。

　また別のときには、「歯の妖精は来るから大丈夫よ」とも言っている。子育て中の母親ならではの観点ですよね。日本では乳歯が抜けたとき、上の歯が抜けると床下に、下の歯が抜けると屋根に向かって投げますが、欧米では、抜けた歯を夜枕元に置いて寝ると、歯の妖精がや

ってきて、プレゼントと取り替えてくれるとされている。歯の妖精がロックダウンで来なかったらどうしよう、と心配する子どもの気持ちもちゃんと汲んであげているんです。

聞いていた親も、思わずニヤリとするでしょう。親子ともにうれしくなるようなことを言える首相がいるなんて、と羨ましかったですね。

パックン　すごい人気でしたよね、アーダーンは。ニュージーランドでは18年ぶりの女性首相、しかも最年少ながら、リーダーシップに非常に長けた人でした。在任中にはこの銃乱射事件、コロナなど色々な困難がありましたが、どれもうまく対処した。コロナ下ではニュージーランドは先進国でコロナによる死亡者比率の最も少ない国でした。母親として在任中に出産休暇を取ったことも好感度を上げました。

池上　公の場で演説するだけでなく、ロックダウンに入る前日の夜に自宅からジャージ姿で動画を配信するなど、すごく親しみの持てる、人間味のある人ですよね。その後、小池百合子東京都知事がそっくりそのまま真似していましたが。

▶ **新たな女性リーダー像を世界に示した**
パックン　この演説がどう世界を動かしたか。やはりニュージーランドの銃規制改正法の採択・承認へとつながった点を、アメリカ人としては強調したいですね。

実はオーストラリアにも似た歴史があり、1996年に起きたポート・アーサー大量殺人事件を受けて厳しい銃

規制を立法しました。アメリカの銃規制反対派はいつも、「一般人が銃を持てなくなると、犯罪者をのさばらせてしまって危ない」と主張しますが、オーストラリアでは銃規制後も、犯罪が増えていません。アーダーンも、なぜこれほど多くの銃乱射事件を経験しているアメリカが、オーストラリアやニュージーランドのように銃規制に踏み出せないのか、と疑問を呈しています。そうした意味で、まだ世界を変えたとは言えないものの、今後変えるためにこの演説にぜひ注目したいです。

池上　先日取材でオーストラリアに行って感じたのは、近隣に中国も北朝鮮もない。隣にあるのは平和なニュージーランドだけ。なんて羨ましいんだろう、ということでした。

パックン　同感です。

　彼女はソーシャルメディアを通してもリーダーシップを発揮していました。この銃乱射事件の犯人がイスラム教徒へのあからさまなヘイトをSNSに投稿していたこともあり、彼女は事件後に犯人の名前を口にしないことにしたのです。「人殺しの名前より、亡くなった人の名前を言い、亡くなった人の顔を見ましょう」と。

　犯人に注目しないという彼女のスタンスはアメリカでも話題になりましたし、大手SNSなどに極端な差別発言や政治的発言への規制を強めるよう呼びかける運動には、多くの署名が集まり、大手ソーシャルメディアプラットフォームも合意を示しています。

池上　世界から見れば、小さな島国の女性首相ですが、その彼女が演説で世界を感動させた。アーダーンの言葉

の力強さを改めて感じますね。そしてそうした演説を生み出す背後には、やはり人間としての優しさがあるのだと思います。

パックン　2020年頃は、アーダーンがいて、メルケルがいて、台湾の蔡英文がいて。女性リーダーの存在感とリーダーシップが目立つ時期でしたね。彼女たちの活躍が、次世代の女性リーダーにインスピレーションを与えたことは間違いないでしょう。この演説がどう世界を動かしたのか。その答えは、20年後、30年後のリーダーたちに表れてくるのかもしれません。

……冒頭略……

We gather here, 14 days on from our darkest of hours.

In the days that have followed the terrorist attack on the 15th of March, we have often found ourselves without words.

What words adequately express the pain and suffering of 50 men, women and children lost, and so many injured?

What words capture the anguish of our Muslim community being the target of hatred and violence?

What words express the grief of a city that has already known so much pain?

I thought there were none. And then I came here and was met with this simple greeting.

As-salaam Alaikum. Peace be upon you.

They were simple words, repeated by community leaders who witnessed the loss of their friends and loved ones.

Simple words, whispered by the injured from their hospital beds.

Simple words, spoken by the bereaved and everyone I met who has been affected by this attack.

Asalamu Aleykum. Peace be upon you.

They were words spoken by a community who, in the face of hate and violence, had every right to express anger but instead opened their doors for all of us to grieve with them.

And so we say to those who have lost the most, we may not have always had the words.

We may have left flowers, performed the haka, sung songs or simply embraced.

But even when we had no words, we still heard yours, and they have left us humbled and they have left us united.

Over the past two weeks we have heard the stories of those impacted by this terrorist attack. They were stories of bravery.

They were stories of those who were born here, grew up here, or who had made New Zealand their home.

Who had sought refuge, or sought a better life for themselves or their families.

These stories, they now form part of our collective memories.

They will remain with us forever.

They are us.

……中略……

Because we are not immune to the viruses of hate, of fear, of other. We never have been.

But we can be the nation that discovers the cure.

And so to each of us as we go from here, we have work to do, but do not leave the job of combatting hate to the government alone.

We each hold the power, in our words and in our actions, in our daily acts of kindness. Let that be the legacy of the 15th of March.

To be the nation we believe ourselves to be.

……中略……

We cannot confront these issues alone, none of us can. But the answer to them lies in a simple concept that is not bound by domestic borders, that isn't based on ethnicity, power base or even forms of governance.

The answer lies in our humanity.

But for now, we will remember those who have left this place.

We will remember the first responders who gave so much of themselves to save others.

We will remember the tears of our nation, and the new resolve we have formed.

And we remember, that ours is a home that does not and cannot claim perfection. But we can strive to be true to the words embedded in our national anthem

Men of every creed and race,

Gather here before Thy face,

Asking Thee to bless this place

God defend our free land

From dissension, envy, hate

And corruption, guard our state

Make our country good and great

God defend New Zealand

Tātou Tātou

Asalamu Aleykum

【演説要旨】

（マオリ語：ナイ・タフの皆さん、ご挨拶申し上げます。今日、クライストチャーチには追悼の波が押し寄せています。）

テロリストによる襲撃のあった3月15日以降の14日間、私たちはずっと言葉を失っていました。失われた50人もの男性、女性、子どもたち、そして多数の負傷者の痛みと苦しみを表す言葉とは何でしょうか。イスラムのコミュニティが憎しみと暴力の標的にされたことへの苦しみを表す言葉とは。このような痛みを抱えてきた街の悲しみを表す言葉はあるのでしょうか。

私はそんな言葉はないと思っていました。でも今日ここに来て、このシンプルな挨拶に出会ったのです。アッサラームアライクム。あなたに平安あれ。

それは、友人や愛する人を失うのを目の当たりにしたこの土地の指導者たちが繰り返す日常の言葉でした。これは、憎しみと暴力に怒りを表す代わりに、ともに悼み悲しむ私たちを迎え入れてくれるコミュニティで話される言葉です。

私たちは花を手向けたり、ハカを踊ったり、歌を歌ったりしても、言葉は失っていたかもしれません。それでも私たちは、あなた方の言葉に耳を傾けていました。それにより、私たちは謙虚な気持ちで一つになれたのです。

この2週間、私たちはテロ攻撃で影響を受けた多くの人々の話を聞きました。この国で生まれ育った人、移住してきた人、避難あるいはより良い生活を求めてやってきた人々の勇敢な物語です。この物語は私たち皆の記憶として永遠に残ります。彼らは私たちなのです。しかしその記憶は、この国を私たちが望む場所にするという責任を伴います。多様で、歓迎する態度で、親切で思いやりあふれる場所です。そうした価値観が、私たちの最もよいところです。

ウイルスは歓迎されない場所にも存在します。人種差別主義、信仰や宗教の自由に対する攻撃、そしていかなる暴力や過激主義も、ここでは歓迎されません。憎しみや恐怖といったウイルスは回避できませんが、その治療法を見つける国になることはできます。

私たち一人一人がやるべきことがあります。ヘイトと戦う仕事を政府だけに任せてはいけません。私たちはそれぞれ、言葉や行動、日々の親

切な行為に力を持っています。これからはそれを 3 月 15 日の教訓としましょう。私たちが信じている国になるために。

　ニュージーランドと私たちのイスラム・コミュニティに手を差し伸べてくれた世界の人々に感謝します。そして皆で暴力とテロを糾弾するよう呼びかけます。世界に広がる過激主義の連鎖は止めなければなりません。

　暴力とテロリズムに単独で立ち向かうことはできません。その答えは国境に縛られたり、人種や権力や、統治形態に基づいたりする概念ではなく、もっとシンプルな私たちの人間性にあるのです。

　私たちの母国が完璧だとは言えなくとも、国歌に込められた言葉に忠実であるよう努力することはできます。

　　あらゆる信条と人種の者たちが
　　ここで神の眼前に集い
　　この地の祝福を願う
　　神よ我らの自由なる国を守りたまえ
　　不和、嫉妬、増悪
　　そして腐敗から、我が国を守りたまえ
　　我が国をより良く偉大なものに
　　神よニュージーランドを守りたまえ
　（マオリ語：私たちはひとつ。）
　あなたが平安であらんことを。

15 アンゲラ・メルケル
「親愛なる市民の皆様へ」
2020年3月18日@コロナパンデミック初期のテレビ演説

▶ **ステイホームとその理由を人々に真正面から訴える**

パックン　さて本書の最後に取り上げるのは、ドイツで16年にわたり首相の座にあったアンゲラ・メルケル（在任2005～21）の演説です。2020年は新型コロナウイルス感

アンゲラ・メルケル（1954―）。2020年3月18日のテレビ演説；ＤＰＡ＝共同

染症が猛威をふるった年でしたが、パンデミック下においてステイホームを呼びかけるなど各国が対策を講じる中、メルケルも市民に向けてテレビ演説を行いました。

池上　この演説のすごいところは何と言っても、なぜこんなこと（ステイホーム）をしなければいけないのかを、きちんと理屈として説明していることです。

　日本でも緊急事態宣言が発せられ、感染を広げないようにしましょうと呼びかけられましたが、なぜそうしなければいけないかは説明されませんでした。メルケル首相は、それをきちんとこの演説の中で言っているんで

す。「時間稼ぎなのだ」と。ワクチンや薬が今一生懸命開発されようとしている。それができるまでの間、なんとか感染が広がるのを少しでも抑えて時間稼ぎをしなければいけない、と明確に伝えている。

パックン　そうなんですよね。

池上　この演説を改めて読み直して、「そう言えば、日本の総理大臣はそんなこと言ってなかったな」と気づきました。

　しかも、彼女は旧東ドイツで育った人です。政府によって行動の自由が制限されることへの忌避感、つまり政府による自由の制限がいかにあってはならないことか、民主主義に反することかを、骨の髄までわかっています。それでも今、感染拡大を止めるためには、あえてそれをしなければならないんだ、というメッセージを出しているわけです。

　そして、「政治的な決定を透明化し、説明するのは、開かれた民主主義の１つです」と明言し、民主主義に反することをせざるを得ない以上、きちんと記録を取り、あとで検証できるようにしますという政府の方針をはっきり伝えている。なんてすばらしいんだ、と感心しました。議事録を残さなかったり、せっかく取った議事録を破棄してしまったりするどこかの国とはえらい違いだな、と。自分たちが今やっていることが正しいか正しくないかの判断は、のちに歴史によって検証されるのであって、それができるよう全部残しておく。そうした責任を持つことが非常に重要だと言っている。これは見事だと思います。

パックン　同感です。しかも 2020 年 3 月、他の国に比べて、とても早い段階でこのメッセージを出しています。他の国ではどうだったかといえば、イギリスのジョンソン首相が「コロナなんて大したことない」と言い、アメリカのトランプ大統領が「消毒薬を注射すればいいじゃん」と言い、フランスのマクロン大統領が上から目線で「ロックダウン、ロックダウン」と叫んでいた頃です。同じ頃にメルケルは「これはみんなで頑張るところです」と、市民 1 人 1 人の責任感を呼び起こしていたのです。

▶科学を話し、人間性に帰着する

パックン　レトリックとしては、まず市民の不自由を列挙していますね。

「何百万ものみなさんが仕事に行けず、子どもたちは学校や保育園に行けず、劇場や映画館、お店は閉まっている。何より、これまで当たり前だったいつもの人々とのやりとりができないのは寂しいものです」

みんなが「不便だ」「寂しい」と身に染みて感じている状況を言葉にして語られると、首相もわかってくれている、と安心しますよね。

実はメルケルはこれまで、ドイツ国民に向かって演説したことがほとんどありませんでした。任期中、これが最初だったかもしれない。いつもはやらないけれど、あなたたちのために今やらなきゃいけないから踏み切った、というのはエトスを急上昇させます。

「すべての市民が自らの課題と考えてくれれば、この

試練は乗り越えられる」

　これはあなた方１人１人の仕事だ、と言っているのは重要ですね。

　「これは深刻な状況です。皆さん真剣に捉えてください」

　さらに第２次世界大戦やドイツ統一といった過去の戦いと今回の戦いを並べることで、これがいかに真剣に捉えるべき深刻な事態であるかを訴えます。

　僕がこの演説でとくに好きなのは、「私がお伝えすることはすべて、科学者やウイルス学者との間の絶え間ない協議から得られたものです」という部分です。トランプとは正反対ですよね。彼女は物理学者でもあるので、科学者の立場で話せるという意味では、世界のリーダーの中でも最もエトスが高いでしょう。

　そして、池上さんもおっしゃったとおり、なぜこういうことをしなくてはならないのか、きちんと根拠を示した上で、今とるべき行動を呼びかける。これは治療薬やワクチン開発のための「時間稼ぎだ」と目的を示す一方で、しかしこれは「単なる統計上の抽象的な数字ではなく、父、祖父、母、祖母、パートナー、そして人々の話です」と。我々のコミュニティではすべての人命に価値があるのだと伝えています。科学の話から始めて、人間の話に着地する。どんな冷静な人でも、感情的な人でも、「ああ、私に向かって話してくれているんだ」と共感し、聞き入れてくれるでしょう。

▶ 確かな生活から生まれたフレーズ

パックン　また、医療従事者やスーパーのレジ係などのエッセンシャルワーカーの苦労に触れて、感謝を示す。感謝を示すというのはいつやってもよいテクニックです。

池上　「めったに感謝されない人々にも、感謝の意を表したいと思います。スーパーマーケットのレジ係の人や、商品棚に商品を並べている人。現時点で最も困難な仕事の１つを行っています。仲間の市民のために仕事をしてくれてありがとう」

　この部分は、有名になりましたよね。

　なぜスーパーで働く人々への配慮を言えたのか。それは、メルケルさん自身がスーパーに買い物に行っているからです。スーパーマーケットのレジに買い物カゴを提げて並んでいる彼女を見かけた人が写真に撮ってSNSに上げたことで知られるようになったのです。つまりいつも自分で買い物に行っているからこそ、彼らの存在に注目し、感謝の言葉を捧げられた。生活感のない、日本の男性政治家からは絶対に出てこない言葉だなと思いましたね。

パックン　彼女の育ちも影響しているでしょうね。東ドイツにも、多少の貧富の差はあったけれど、西とは格段に違う。

池上　メルケルは 1954 年、旧西ドイツのハンブルクの生まれです。お父さんは牧師で、西ドイツの人でありながら東ドイツの社会主義に憧れていて、メルケルの弟に「マルクス」と名付けるほど社会主義体制への憧れが強

い人でした。それで東ドイツに行きたいと、彼女が生まれてすぐ、唯一布教活動が認められていた東の教会に家族を連れて赴任するんです。

パックン　メルケルが東ドイツで育ったのは、お父さんに理由があったのですね。

池上　そうなんです。牧師として、色々な障害児を教会で預かってもいたそうです。このためメルケルは子どもの頃から障害のある人たちと日常的に触れ合って過ごしました。彼女が難民など弱い立場の人々に思いやりを見せるのは、この経験が影響しているのではないかと見る人もいます。

▶ 具体的で理性に訴えかける名演説

パックン　スピーチでは、民主主義国家として、行動制限を決して軽く捉えてはいないことを強調しています。

　メルケル首相は 2019 年ハーバード大学の卒業式に招かれて演説した際、「自分は新卒で東ドイツ科学アカデミーで物理学者として働いていた頃、通勤の途中でベルリンの壁の前を通るたびにこう思った。ここを越えることはできない、壁の向こうには自由があるのに」と話していました。彼女は 35 年もの歳月を、制限された東側と自由な西側との違いを常に意識しながら暮らしました。そのことも、この演説のエトスを上げていると思いますね。

　行動制限によってどんなことが起きるか、そしてそのときに市民がとるべき行動についても明確に示しています。

「大企業から中小企業、小売店、飲食店、フリーランサーまで非常に困難な経済状況が続くでしょう。連邦政府は経済の影響を緩和し、雇用を守るためにできる限りのことをします」

池上　行動制限の影響を受けている人の中にフリーランサーも挙げていますが、これもまた日本の政治家からは絶対に出てこない言葉ですね。コンサートや映画、演劇といった文化的な催しが中止になっていることにも言及しています。こういう話も日本の政治家は決してしません。こういうところにまできちんと目配りしているところに感激します。

パックン　まさに、文化は民主主義の根幹だとの認識のあるメルケルならではですよね。

　「食料の供給は確保しますので、スーパーの棚が空になっても翌日には補充されます。買い占めや過度な備蓄は、意味のないことであり、結局のところまったく連帯的ではありません」

　ビジョンだけでなく、具体的にどうすればいいかをしっかり示したのも、危機に直面した際のリーダーとして最高の対応だと思います。

　「パニックにはならず、かといって危機を無視するでもなく、自分にできることを考えましょう。私たちすべての、1人1人の力が必要なのです」と。

　それからウイルス学の専門家の助言を具体的に紹介しています。

　「握手をやめ、頻繁に手をよく洗い、隣の人とは少なくとも1.5メートルの距離を保ち、高齢者とは接触しな

い」、「私たちは通常、触れ合うことで愛情を示すけれど、今はその逆をやらなくてはなりません。今愛情を示す唯一の方法は、ディスタンスを取ることです」と。

とってもわかりやすい！

連絡を取り合うのに使える方法——スカイプ、電話、メール、手紙など——を挙げていきます。ジョン・F・ケネディやマーチン・ルーサー・キングの演説は抽象的な話に集中していましたが、メルケルのこの演説は、とても具体的です。まるで学校の校長先生が子どもたちに易しく伝えているかのようですが、間に国民が頑張っている物語を挟んだり、団結を呼びかけたり、勇気を出して頑張ろうと鼓舞したりと、感情に訴える要素が入るので、嫌にならずに最後まで聴くことができる。バランスが非常にいいんです。

そして最後の締めくくりは、

「これは未経験の事態だけれど、私たちがあたたかい心を持ち、理性的に行動できることを証明しましょう。そうすれば命を救うことはできる。1人1人が責任をもってやるしかありません。あなた自身、そしてあなたの愛する人を大事にしてください」と。

池上　スピーチ自体がとても理性的ですね。

パックン　一国の首相としてのリーダーシップを発揮しながら、国民の僕でもあるという謙虚さを最後まで忘れないことも、この演説のすばらしさだと思います。ちなみにこの演説は、2020年の「スピーチ・オブ・ザ・イヤー」に選ばれています。

池上　理性的でありながら、きわめて具体的でもある。

抽象論ではなく、こういうことに気をつけなければいけないと1つ1つ挙げている。科学者としての理性と、また1人の生活者としての実感が発揮され、市民の心を動かした、力のある演説だったと思います。

▶21世紀のリーダー像を示したメルケル首相

パックン　このメルケルの演説は、コロナ禍で行われた各国首長の演説の中でも的を射たもので、タイミングと伝える内容からすると正解と判定できるものだと思います。ただし、ドイツのコロナ対策の最終的な成績は、平均値ぐらいにとどまりました。

池上　そうでしたね。

パックン　だから、これが世界を動かしたかと問われるとちょっと微妙なのですが、日本を含め、世界のリーダーが見習うべき危機対応のお手本にはなったと思います。ドイツはEUのリーダーでもあるので、ドイツがもし「コロナなんて大丈夫だ」という態度をとっていたら、EU諸国のコロナ対策は変わってしまっていたかもしれません。

池上　まさに、コロナ危機に際して、一国のリーダーとして国民にどう呼び掛ければいいのか、そのお手本を見事に示した演説でした。実際、この演説が有名になったあとに行われた安倍首相の記者会見には、スーパーマーケットの話が出てきていましたし（笑）。

パックン　この演説も含め、メルケルは間違いなく21世紀前半のヨーロッパにおいて非常に大きな存在でしたよね。ドイツ史上初めての女性首相で、在任期間は実に

16年。日本はその間に9人の首相が入れ代わり立ち代わりしました。**ドイツは彼女の安定したリーダーシップのおかげで、ユーロ危機や移民問題などの危機を乗り越え、福島原発事故後の脱原発宣言を行うなど、ヨーロッパの中で最も元気な国として先導しています。**もちろん、日々の地道な人脈づくりや交渉術があってのことだと思いますが。

池上　彼女が政界を去った今、まさに「メルケルロス」の状態ではないですか。後任のショルツ首相はどうも頼りない、と折々に感じてしまいます。

パックン　メルケルが降りたからウクライナ侵攻が起きた、という説もありました。

池上　それについては「いや。私がいても阻止できなかった」とメルケルは反論していますけどね。

パックン　相変わらず謙虚です。一方のトランプは、「俺が大統領だったら、プーチンは絶対侵攻していなかったはずだ」と自ら言ってました。謙虚の「け」の字もない。

池上　でもメルケルがいたら、プーチンはこんな卑劣な愚行に出なかったかもしれないと、つい思ってしまいますよね。

　トランプ大統領やマクロン大統領はコロナパンデミックの初期、「これはウイルスとの戦争だ」と勇ましい掛け声をかけていました。マッチョな男が「戦争」を口にすると、それは犠牲者が出ても仕方がないというメタファーになるんですよ。

パックン　確かにそうかもしれません。

池上　そしてそれが、「弱かったから犠牲になった」とか「捕虜になりやがって」という発想につながっていく。他方、メルケルのように「この感染症が私たちに示しているのは、我々は誰もが傷つきやすく、他者の思いやりに頼って生きていること、協力して行動すればお互いを守ることができることです」と呼び掛ければ、人々はお互いをいたわらなければという気持ちになるんですよね。男はつい戦争のアナロジーを使いがちですが、それでは立ち行かないことを、この演説は教えてくれました。

パックン　戦争をメタファーにすると、人々は政府が軍を派遣してくれる、と期待してしまいますしね。メルケルの演説はその逆、我々1人1人がプレイヤーにならなくてはいけない、中央政府に任せるだけではダメなんだ、というメッセージも伝えています。

池上　その通りです。コロナとの戦いは、マッチョな発想で勝てる戦いでは決してなかったのですから。

【演説要旨】(傍点は原文太字部分に付した)

親愛なる市民の皆様へ

現在、新型コロナウイルスにより、わが国の生活は劇的に変化しています。私たちが考える普通というもの、そして公共生活や社会的な付き合い——そのすべてがこれまでにない試練にさらされています。

何百万人ものみなさんが仕事に行けず、子どもたちは学校や保育園に行けず、劇場や映画館、お店は閉まっています。何より、これまで当たり前だったいつもの人々とのやりとりができないのは寂しいものです。

政治的な決定を透明化し、説明するのは、開かれた民主主義の1つです。

すべての市民が自らの課題と考えてくれれば、この試練は乗り越えることができると確信しています。これは深刻な状況です。皆さん真剣に捉えてください。ドイツ統一以来、いや、第2次世界大戦以来、これほど共通の連帯行動が必要とされた挑戦はありませんでした。

この疫病について私がお伝えすることはすべて、連邦政府とロベルト・コッホ研究所の専門家、その他の科学者やウイルス学者との間の絶え間ない協議から得られたものです。世界中で総力を挙げて研究されていますが、治療法やワクチンはまだ見つかっていません。

この状況で唯一できることは、ウイルスの拡散を遅らせ、時間を稼ぐことです。薬とワクチンを開発するための研究の時間。何より、病気になった人が最善のケアを受けられるようにするための時間です。

単なる統計上の抽象的な数字ではなく、父または祖父、母または祖母、パートナー、そして人々の話です。1つ1つの命、そして1人1人の人間によって成り立っている共同体なのです。

まず、病院や医療機関で働く看護スタッフ、医療スタッフの方々にお伝えしたい。あなた方は私たちのために戦いの最前線にいます。心から感謝しています。

ドイツでのウイルス拡散の速度を遅くするために、実際的な1つの手段は、公的生活を可能な限りシャットダウンすることです。

感染するリスクを可能な限り抑えるため、イベントや見本市、コンサート、そして当面の間、学校や大学、幼稚園、さらに公園で遊ぶことはやめなくてはなりません。連邦政府と州政府が合意したこれらの閉鎖が、私たちの生活や民主主義の自明の理を侵害しているのを理解しています。

旅行と移動の自由を苦労して獲得した私のような者にとって、そのよ

うな制限は、どうしてもやむを得ない場合のみ正当化されます。現時点では、命を救うために不可欠なのです。

これらの制限により、大企業から中小企業、小売店、飲食店、フリーランサーまで非常に困難な経済状況が続くでしょう。連邦政府は経済の影響を緩和し、雇用を守るためにできる限りのことをします。

食料の供給は確保しますので、スーパーの棚が空になっても翌日には補充されます。買い占めや過度な備蓄は、意味のないことであり、結局のところまったく連帯的ではありません。めったに感謝されない人々にも、感謝の意を表したいと思います。スーパーマーケットのレジ係の人や、商品棚に商品を並べている人。現時点で最も困難な仕事の1つを行っています。仲間の市民のために仕事をしてくれてありがとう。

パニックにはならず、かといって危機を無視するでもなく、自分にできることを考えましょう。私たちすべての、1人1人の力が必要なのです。

疫病が私たちに示しているのは、私たち全員がいかに傷つきやすく、他者の思いやりのある行動にどれほど依存しているか、そして協力して行動することでお互いを守り、強めることができるということです。

ウイルス学者のアドバイスは明確です。握手をやめ、頻繁に手をよく洗い、隣の人とは少なくとも1.5メートルの距離を保ち、高齢者とは接触しないことが理想です。

私たちは通常、触れ合うことで愛情を示すけれど、今はその逆をやらなくてはなりません。今愛情を示す唯一の方法は、ディスタンスを取ることです。

ウイルスに対抗するための創造的な形はたくさんあります。祖父母が寂しくないようにポッドキャストを録音している孫がいます。スカイプ、電話、メール、また手紙を書くこともできます。近所の助け合いのすばらしい話をすでに聞きました。

政府として、何が修正できるのか、そしてまた何が必要なのか常にチェックし続けます。状況は流動的ですから、考えを修正したり他の手段をいつでも取れるよう学び続け、そのことについても説明します。

これは未経験の事態だけれど、私たちがあたたかい心を持ち、理性的に行動できることを証明しましょう。そうすれば命を救うことはできる。1人1人が責任をもってやるしかありません。あなた自身、そしてあなたの愛する人を大事にしてください。ありがとう。

原文出典

1　ウィンストン・チャーチル
Winston Churchill: WE SHALL FIGHT ON THE BEACHES
INTERNATIONAL CHURCHILL SOCIETY
https://winstonchurchill.org/resources/speeches/1940-the-finest-
　　hour/we-shall-fight-on-the-beaches/

2　ウォロディミル・ゼレンスキー
Volodymyr Zelenskiy: Thirteen days of struggle
The Guardian
https://www.theguardian.com/world/2022/mar/08/thir
　　teen-days-of-struggle-volodymyr-zelenskiys-speech-to-uk-par
　　liament-transcript
Volodymyr Zelenskyy: We stand, we fight and we will win. Because
　　we are united. Ukraine, America and the entire free world
PRESIDENT OF UKRAINE VOLODYMYR ZELENSKYY Official
　　website
https://www.president.gov.ua/en/news/mi-stoyimo-boremos-i-
　　vigrayemo-bo-mi-razom-ukrayina-amerika-80017

3　ジョン・F・ケネディ
John F. Kennedy: REMARKS AT THE RUDOLPH WILDE PLATZ,
　　BERLIN. Excerpt from "One Day in Berlin"
JOHN F. KENNEDY PRESIDENTIAL LIBRARY AND MUSEUM
https://www.jfklibrary.org/learn/about-jfk/historic-speeches/
　　remarks-at-the-rudolph-wilde-platz-berlin

4　ロナルド・レーガン
Ronald Reagan: Remarks on East-West Relations at the Branden-
　　burg Gate in West Berlin
RONALD REAGAN Presidential Library & Museum

https://www.reaganlibrary.gov/archives/speech/remarks-east-west-relations-brandenburg-gate-west-berlin

5　リヒャルト・フォン・ヴァイツゼッカー

Bundespräsident Richard von Weizsäcker: Gedenkveranstaltung im Plenarsaal des Deutschen Bundestages zum 40. Jahrestag des Endes des Zweiten Weltkrieges in Europa
Der Bundespräsidialamt
https://www.bundespraesident.de/SharedDocs/Reden/DE/Richard-von-Weizsaecker/Reden/1985/05/19850508_Rede.html

6　ジャワハルラール・ネルー

Prime Minister Nehru: Speech to Bandung Conference Political Committee, 1955
G. M. Kahin, *The Asian-African Conference*（Cornell University Press, 1956）, pp. 64-72.　Internet Modern History Sourcebook
https://s3.amazonaws.com/saylordotorg-resources/wwwresources/site/wp-content/uploads/2011/07/HIST103-9.2.3.pdf

7　鄧小平

邓小平在联大第六届特别会议上的发言
共产党员网
https://news.12371.cn/2015/09/28/ARTI1443384874163974.shtml?ticket=
Speech By Chairman of the Delegation of the People's Republic of China, Deng Xiaoping, At the Special Session of the U.N. General Assembly
Deng Xiaoping Archive
https://www.marxists.org/reference/archive/deng-xiaoping/1974/04/10.htm
「月刊共産圏問題」誌 1974 年 6 月（第 18 巻第 5 号）、『北京周報』誌第 15 号

8　昭和天皇

「終戦の詔書」官報号外、1945 年 8 月 14 日

国立公文書館デジタルアーカイブ

https://www.digital.archives.go.jp/DAS/meta/listPhoto?LANG=de
fault&BID=F0000000000000102694&ID=M0000000000000327391&
TYPE=

「新日本建設ニ関スル詔書」1946 年 1 月 1 日

国立公文書館デジタルアーカイブ

https://www.digital.archives.go.jp/DAS/meta/listPhoto?LANG=de
fault&BID=F0000000000000239676&ID=&TYPE=

9 安倍晋三

米国連邦議会上下両院合同会議における安倍総理大臣演説「希望の同盟
へ」(2015 年 4 月 29 日（米国東部時間))

外務省

https://www.mofa.go.jp/mofaj/na/nal/us/page4_001149.html

10 マーチン・ルーサー・キング

Martin Luther King's "I Have a Dream" Speech

AMERICAN CENTER JAPAN

https://americancenterjapan.com/aboutusa/translations/2368/

11 マルコム X

Malcolm X: "The Ballot or the Bullet"

American Radio Works

https://americanradioworks.publicradio.org/features/blackspeech/
mx.html

12 ネルソン・マンデラ

I am prepared to die: Nelson Mandela's statement from the dock
at the opening of the defence case in the Rivonia Trial

The Nelson Mandela Foundation Archive

https://atom.nelsonmandela.org/index.php/za-com-mr-s-10

13 マララ・ユスフザイ

Malala Yousafzai: 16th birthday speech at the United Nations

MALALA FUND

https://malala.org/newsroom/malala-un-speech

14 ジャシンダ・アーダーン
Jacinda Ardern: Prime Minister's speech at the National Remembrance Service
Beehive.govt.nz, The official website of the New Zealand Government
https://www.beehive.govt.nz/release/prime-minister's-speech-national-remembrance-service

15 アンゲラ・メルケル
Fernsehansprache von Bundeskanzlerin Angela Merkel
Presse-und Informationsamt der Bundesregierung
https://www.bundesregierung.de/breg-de/aktuelles/fernsehansprache-von-bundeskanzlerin-angela-merkel-1732134

監訳 1 , 2 , 3 , 4 , 6 ,10,11,12,13,14（英語）＝片瀬ケイ
監訳 5 ,15（ドイツ語）＝田口理穂
監訳 7 （中国語）＝稲垣清

編集協力＝髙松夕佳

写真提供＝株式会社 共同通信イメージズ

おわりに

　「言葉の力」は凄い。人の心を動かし、本当に世界を動かすことができる。

　そんなことを多くの人が実感したのは、2022年2月にロシアがウクライナに軍事侵攻した後のことでしょう。

　当初、世界の多くの人は、ロシアが数日のうちにウクライナを制圧してしまうと考えたはずです。これは侵攻したロシア軍兵士も同じこと。侵攻が始まる直前、ウクライナの首都キーウにあるウクライナ料理の専門店に予約の電話が入りました。一週間後、十数人でディナーをしたいというものでした。携帯電話での予約で、発信者の国番号はロシアのものでした。

　この店はウクライナ音楽の生演奏があるウクライナの郷土料理の有名店。私もかつて訪れたことがあります。

　予約電話が入ってまもなく、ロシア軍の侵攻が始まりました。ロシア軍の戦車部隊はキーウを目指しますが、ウクライナ軍の頑強な抵抗に遭遇し、結局撤退しました。予約電話を入れた兵士は、数日でウクライナを制圧した後、戦勝パーティーを開こうとしていたようなのです。

　ロシアが侵攻した直後、ネットにゼレンスキー大統領の演説が流れます。ウクライナ軍兵士へのメッセージで、「抵抗はやめて家に帰ろう」との呼びかけでした。

もちろんこれはフェイク。ディープフェイクと呼ばれる偽動画でした。このままではウクライナに動揺が広がります。するとゼレンスキー大統領は、大統領官邸を出て、官邸の前に副大統領や首相を従えてスマホで自撮り。「我々はキーウにいる。首相もみんなここにいる」と国民に伝えたのです。

　これで国内の動揺を一気に抑えました。さらにこの動画は世界に拡散。ゼレンスキー大統領をはじめウクライナの政府が徹底抗戦する覚悟であることを知らせました。

　この自撮りの見事さは、背景に大統領官邸などキーウ中心部の建物が映り込んでいることです。ウクライナの国民は、これで首脳たちが本当にキーウに留まっていることに確信が持てたのです。

　ゼレンスキー大統領は、長らくテレビのショービジネスに携わってきました。どうすれば国民の心にメッセージが届くのか、熟知していたのです。

　これ以降、世界各国はウクライナ支援に立ち上がります。後になってわかることですが、ロシア軍が侵攻した際、イギリスなど各国はゼレンスキー大統領に亡命を勧めていたのだそうです。ロシア軍は数日でウクライナを制圧する。ゼレンスキー大統領の命も危ないから、いったん国外に出て亡命政権を作ったらどうかというアドバイスだったのです。

　しかし、ゼレンスキー大統領は、これを拒否。大統領官邸に留まって戦うことを伝えます。世界各国とも、この決意を知って、ウクライナへの支援を決めます。これ

以降、大量の武器や資金がウクライナに送られました。本人たちが戦う意欲を示したことで、世界も応援したのです。

そればかりではありません。ゼレンスキー大統領は、生中継あるいはビデオメッセージの形で世界各国の議会に対し、支援を要請します。どんなメッセージを送れば、相手の国の人たちの琴線に触れるか、練りに練った演説の数々でした。そのテクニックに関しては、本文を読んでいただければおわかりになったはずです。

では、こうした演説はどのように作成されたのか。2023年8月11日の毎日新聞朝刊は、大統領演説のライターは誰かという記事を掲載しています。それによると、大統領のスピーチ作成に主として関わるのは3〜5人程度のチーム。演説先の国や場所、文脈に合わせて大統領府長官や外相、演説先の国に駐在する大使が加わることもあるそうです。

しかし、関係者たち曰く、「メインのスピーチライターはゼレンスキー氏本人だ」というのです。結局は、本人が伝えるべき内容を持っていなければ、人々の心を打つことはできないのです。

政府の情報戦略を取材した地元紙の記者は、こう解説しています。「平易な単語を使うので誰にでも理解できる。『これは良い』『これは悪い』『我々にはこれが必要だ』といった、簡潔なメッセージだ。聴衆に理解させるのもうまい」

私たちは、改めて「言葉の力」を知りました。演説とは、言葉での戦闘です。「言葉の弾丸」を撃ち合うもの

なのです。人を物理的に傷つけることはしないけれど、相手の国の首脳に致命傷を与えることができるのです。

　私たちの生活でも、命がけの戦いはあるものです。平和な世界に生きる私たちは、本物の銃弾は使いませんが、生き残るためには全力を尽くす必要が出てくることもあるでしょう。そのとき、歴史に残る、世界を動かした名演説の数々は参考になるはずです。

　本書で取り上げた名演説は英語と日本語で紹介しています。日本語に訳しても名演説であることがわかりますが、英語の語感は、英語に達者な人の解説があって初めて理解できます。パックンは英語が達者。パックンの解説があってこそ、名演説である所以がわかります。パックンは、東京工業大学で、プレゼンテーションに苦手意識を持つ学生たちへの実践的な講義で、彼らを名プレゼンターに育て上げています。本書を読めば、その理由も理解できるでしょう。

　世界の首脳たちの演説は、それぞれの時代と場所によって規定されています。どんな時代背景にあって発せられた言葉なのか。それを知ることで、現代史が一段と理解できることでしょう。

　本書は、筑摩書房編集部の伊藤笑子さんとライターの髙松夕佳さんによって形になりました。感謝しています。

　2023 年 9 月

　　　　　　　　　　　ジャーナリスト　　池上　彰

ちくま新書
1752

世界を動かした名演説
2023年10月10日　第1刷発行

著者
池上　彰
（いけがみ・あきら）

パトリック・ハーラン

発行者
喜入冬子
発行所
株式会社筑摩書房
東京都台東区蔵前 2-5-3　郵便番号 111-8755
電話番号 03-5687-2601（代表）
装幀者
間村俊一
印刷・製本
三松堂印刷 株式会社

1539	1653	1694	1750	1730	1732	1736
アメリカ黒人史 ——奴隷制からBLMまで	海の東南アジア史 港市・女性・外来者	ソ連核開発全史	ガンディーの真実 ——非暴力思想とは何か	B-29の昭和史 ——爆撃機と空襲をめぐる日本の近現代	写真が語る銃後の暮らし	日本人が知らない戦争の話 ——アジアが語る戦場の記憶
ジェームス・M・バーダマン 森本豊富訳	弘末雅士	市川浩	間永次郎	若林宣	太平洋戦争研究会	山下清海
奴隷制の始まりからブラック・ライヴズ・マターが再燃する今日まで、人種差別はなくなっていない。アメリカ黒人の歴史をまとめた名著を改題・大改訂して刊行。	ヨーロッパ、中国、日本などから人々が来訪し、交易や植民地支配を行った東南アジア海域。女性や華人などを通して東西世界がつながった、その近現代史を紹介。	史上最大の水爆実験から最悪の原発事故、原発大国ウクライナの背景まで。危険や困惑を深めながら推し進められたソ連の原子力計画の実態に迫る、かつてない通史。	贅沢な食、搾取によってつくられた服、宗教対立、そして植民地支配。西洋文明が生み出すあらゆる暴力に抗う思想・実践としての「非暴力」に迫る。	B-29はいかにして、太平洋戦争そのものを象徴する存在になったのか。戦略爆撃機の開発から『火垂るの墓』まで、豊富な資料で読み解く縦横無尽のB-29史。	一九三一年から四五年を中心に世相、事件、生活を資料性の高い貴重な写真で振り返る。歓喜から絶望へと突き進んだ戦時下をしたたかに生き抜いた人々の日常。	かつて、私たちは何をしたのか。長年アジア各地で人びとの声に耳を傾けてきた地理学者が、日本人がけっして忘れてはいけない戦争の理不尽な現実を明らかにする。

ちくま新書

ちくま新書

ちくま新書